Sandra Felton

Kraft für den neuen Tag

Sandra Felton

Kraft für den neuen Tag

Meditationen gegen das Chaos

Aus dem Amerikanischen
von Ulrike Zellmer

Brendow
Buch · Kunst · Verlag

Die Deutsche Bibliothek – CIP-Einheitsaufnahme

Felton, Sandra:
Kraft für den neuen Tag : Meditationen gegen das Chaos / Sandra Felton.
Aus dem Amerikan. von Ulrike Zellmer. – Moers : Brendow, 1997
(Edition C : C ; 499)
ISBN 3-87067-692-2

ISBN 4-87067-692-2
Edition C, C 499

Originaltitel: „Meditations for Messies“. Published by Fleming H. Revell,
Grand Rapids, USA.
Einbandgestaltung: Kortüm + Georg, Agentur für Kommunikation, Münster
(Westfalen)
Titelfoto: Thomas Georg
Satz: Convertex, Aachen
Druck und Bindung: Clausen & Bosse, Leck
Printed in Germany

Während ich mich verändere

Das Haus gleicht dem Bau einer Packratte. Wichtige Dinge sind wie vom Erdboden verschwunden. Termine werden verschlafen. Hat das Chaos jemals ein Ende?

Dieses Buch ist für Menschen geschrieben, die erkannt haben, daß sie ein Problem haben. Trotz größter Anstrengung fällt es ihnen schwer, Ordnung in ihr Leben zu bringen. Sie sammeln, horten oder sind Zeit-Chaoten. „Messies“ – das sind Menschen, die Probleme haben, ihren Alltag zu organisieren. Dieses Buch kann wie ein Lichtstrahl im dunklen Tunnel sein.

Warum sollten Sie diese Meditationen lesen? Vielleicht geht es Ihnen so wie mir:

Ich lese diese Meditationen, weil ich die große Hoffnung habe, daß mein Haushalt und mein Lebensstil sich verändern werden. Unordnung, Wahllosigkeit und Streß sollen nicht mehr mein Leben bestimmen, sondern ich möchte, daß mein Haus schön und ordentlich ist, daß ich meinen Zeitplan im Griff habe und mein Leben insgesamt angenehm und harmonisch verläuft.

In diese Hoffnung mischt sich Furcht, daß mich mitten in meinem Versuch, mein Leben zu ändern, alte Gewohnheiten einholen und meinen Vorsatz untergraben und so meine Hoffnung zunichte machen.

Ich werde Tag für Tag vorgehen. Am Ende jedes Tages werde ich mich über meine Fortschritte freuen und die Mißerfolge hinter mir lassen.

Ich werde jeden Tag neu beginnen. Auf diese Weise wird auch meine Angst nicht zu einem großen Berg. Ich kann mich ihr Tag für Tag stellen.

Herr, hilf mir, mich auf diesen einen Tag zu konzentrieren und mein Bestes zu tun, damit sich meine Hoffnungen erfüllen, so daß du und ich uns am Ende gemeinsam über mein neues Leben freuen können.

„Darum sorgt nicht für morgen, denn der morgige Tag wird für das Seine sorgen. Es ist genug, daß jeder Tag seine eigene Plage hat“ (Matthäus 6, 34).

Anleitung zum Lesen der Meditationen

In jedem Abschnitt dieses Buches finden Sie sieben Meditationen. Sie können an jedem Tag eine lesen und so in vierzehn Wochen das Buch ausgelesen haben. Aber es macht auch nichts, wenn Sie ein paar Tage gar nicht darin lesen. Fangen Sie einfach dort an, wo Sie das letzte Mal aufgehört haben.

Doch Sie können auch später immer wieder einmal auf das Buch zurückkommen. Zum Beispiel an einem Tag, an dem Sie leicht die Geduld verlieren oder Ihr Leben aus dem Gleichgewicht zu geraten droht. Oder an Tagen, an denen Sie „vor lauter Bäumen den Wald nicht sehen", lesen Sie vielleicht noch einmal einen Text aus der Rubrik „Vision".

Hier sind unsere Schlüsselbegriffe:

Prioritäten
Konzentration
Schönheit
Zuversicht
Geduld
Würde
Vision

Jeder Text beschäftigt sich mit einem dieser Schlüsselbegriffe. Wenn Sie sie alle zusammenfassen und in Ihr Leben aufnehmen, gelangen Sie zu der nötigen Ordnung und Ausgewogenheit, die Sie für die Gestaltung eines harmonischen und angenehmen Lebensstils brauchen.

Am Ende jeder Meditation finden Sie ein vorformuliertes Gebet, das Sie als Grundlage für Ihr persönliches Gebet benutzen können. Und schließlich ist noch Platz für eigene Gedanken. Nutzen Sie diese Zeilen für ein paar Notizen. Wie läßt sich der eben gelesene Text auf Ihre speziellen Haushaltsprobleme anwenden?

Und nun fangen Sie an – und nehmen Sie jeden Tag für sich.

Prioritäten

Vom Himmel selbst, den Planeten und dieser Erde
wird rechter Rang, Priorität und Ort befolgt.

William Shakespeare

Prioritäten: Das Hauptproblem erkennen

Das Ziel der Anonymen Messies ist persönliche Freiheit. Wie bei anderen Zwängen oder Süchten haben wir das Gefühl, daß uns die Kontrolle über unser Leben entglitten ist. Unser Lebensstil ist beschwerlich und erniedrigend. Es ist besonders schwer, sich dieser Situation zu stellen, wenn ich begreife, daß ich sie zum größten Teil selbst herbeigeführt habe.

Die Versuchung ist groß, sich auf die Beseitigung des Chaos zu stürzen in der Annahme, hier liege das Hauptproblem. Ich kann sogar jemand anstellen, der mir meinen Haushalt von Grund auf durchorganisiert. Doch wenn die Veränderung sich nicht zuerst in mir selbst vollzieht, in meinem Denken und Fühlen, wird alles andere umsonst sein. Langsam, aber sicher wird sich der Haushalt wieder meinem falschen Denken anpassen. Ich werde nur entmutigt sein über meine Unfähigkeit, den Zustand aufrechtzuerhalten, nach dem ich mich so sehne.

Ich täte gut daran, mich hin und wieder an die Worte Jesu zu erinnern: „Denn wo dein Schatz ist, da ist auch dein Herz“ (Matthäus 6, 21).

Herr, ich sehne mich nach Befreiung von einem Lebensstil, der meinen Geist demütigt und niederdrückt. Gib mir die Weisheit zu erkennen, daß ich selbst die Ketten schmiede, die mich fesseln, und ich selbst es bin, die die Fesseln lösen muß.

Persönliche Gedanken

Konzentration: Sich Zeit nehmen für das Wesentliche

Es ist sehr entmutigend, einen zu vollen Stundenplan zu haben. Man hat dann keine Zeit zum Nachdenken, Meditieren und Ausruhen. Es fehlt die Zeit für eine regelmäßige innere Einkehr. Wenn ich zu verplant bin, habe ich das Gefühl, als ob ich eine Schlacht verliere und mich selbst verrate.

Eine grundlegende Veränderung ist in meinem Leben eingetreten. Früher war ich gerne dauernd beschäftigt. Das hat mir ein Gefühl von Macht verliehen. Auf diese Weise hatte ich keine Zeit zum Nachdenken. Ich konnte so tun, als würde ich nicht merken, wie schlimm die Situation war, die ich eigentlich im Griff haben sollte. Die Zeit war mein Feind.

Jetzt, da ich die Kraft besitze, die Kontrolle über mein Leben zu übernehmen, ist die Zeit zu meinem Verbündeten geworden. Ich weiß jetzt, wie ich sie nutzen muß. Ich hasse es, wenn ich nicht genug Zeit habe, um meinen Haushalt und mein Leben in Ordnung zu halten. Ich halte mich sorgfältig an meine Pläne. Sie sind meinem Leben angepaßt. Ich möchte nicht unter Druck geraten.

Herr, hilf mir, meine Zeit zu nutzen, um etwas zu sein, nicht, um etwas zu tun.

Persönliche Gedanken

Schönheit: Die Opferrolle verlassen

Es ist schon komisch, wenn ich daran denke, was für ein williges Opfer ich war. Ich benahm mich wie ein Kind. Wenn man mich darum bat, irgendeine Aufgabe zu erledigen, nahm ich das automatisch als Zeichen, daß ich (von Gott?) dazu ausersehen war, diese Aufgabe zu übernehmen. Ich hatte das Gefühl, ich dürfe die Pläne des Schicksals nicht durchkreuzen. Ich war zu dieser Aufgabe ausersehen. War jemand gestorben und hatte mir einige Dinge vererbt, nahm ich an, es sei meine Verantwortung, sie anzunehmen und für alle Zeiten aufzubewahren. Jemand anders hatte mich dazu ausersehen, sie zu besitzen, und ich war dagegen machtlos.

Bei alledem war ich davon überzeugt, daß mein Leben schon in die richtige Richtung gehen würde, ohne daß ich selbst die Führung übernahm oder Entscheidungen traf. Ich glaube, daß ich sogar der Ansicht war, daß ich auf diese Weise mein Vertrauen in Gottes Leitung bewies. Mein Leben begann im Chaos zu versinken.

Dann begriff ich, daß ich die Kraft hatte und auch die Verantwortung, Entscheidungen zu treffen. Ich *konnte* nicht nur entscheiden: ich *mußte* entscheiden. Wenn jetzt etwas gut oder schlecht läuft, liegt die Verantwortung bei mir selbst. Kurz: Ich wurde erwachsen.

Als Erwachsener habe ich keine Entschuldigung, wenn mein Haus nicht so aussieht, wie ich es mir vorstelle. Das liegt ganz allein an mir selbst.

Großer Gott, du hast uns mit der Freiheit zur Entscheidung ausgestattet. Hilf mir, die Verantwortung so zu tragen, wie es einem Erwachsenen zukommt. Bewahre mich davor, in die Rolle des Opfers zurückzufallen.

Zuversicht: Die Situation richtig erkennen

Zwei Jungen nahmen auf dem Heimweg vom Fischen eine Abkürzung, weil es schon dunkel wurde. Ihr Weg führte sie über einen langen Schienenstrang, der eine tiefe Schlucht überspannte.

Plötzlich bemerkten sie hinter sich das helle Scheinwerferlicht des Zuges. Sie hörten die Lokomotive und begannen zu rennen. Doch der Zug war schneller als sie. So rollten sich die Jungen über den Rand des Schienenstrangs und klammerten sich an die Schwellen, während der lange Zug über sie hinwegrollte.

Als der Zug weg war, klammerten sie sich noch immer fest, bis sie es kaum eine Minute länger aushalten konnten, und schrieen in der Dunkelheit um Hilfe. Zu ihrem Erstaunen sahen sie das Geflakker einer Taschenlampe, das immer näher kam. Ein Mann kam auf sie zu. Im Lichtschein der Taschenlampe erkannten sie, daß sie beinahe das Ende der Brücke erreicht hatten. Die Schlucht lag hinter ihnen. Ihre Füße waren kaum einen halben Meter vom Boden entfernt. Sie hatten schon gedacht, ihre letzte Stunde sei gekommen. Doch sie waren so gut wie in Sicherheit gewesen.

So sind viele Erfahrungen, die wir im Leben machen, und dazu gehört auch das Organisieren. Ich habe mehr Angst davor, als notwendig ist. Der Erfolg liegt näher, als wir denken.

Herr, hilf mir, die Realität zu erkennen, daß der Erfolg näher ist, als ich es zur Zeit erkennen kann, und laß mich aufgrund dieses Gedankens Mut fassen.

Persönliche Gedanken

Geduld: Nicht alles auf einmal tun

Ich habe mich für einen vernünftigen und maßvollen Lebensstil entschieden. Ich will nicht meiner natürlichen Neigung folgen, mich in so vielen Bereichen zu überfordern. Wenn ich Entscheidungen treffen muß, entscheide ich mich immer für die gemäßigte Möglichkeit.

Ich will nicht *alles* tun.

Ich will nicht *alles* aufheben.

Ich will mich nicht wie ein Historiker oder Bibliothekar verhalten.

Ich will nicht so tun, als sei ich eine Sammelstelle für Zeitungsausschnitte.

Ich will mich nicht für jede gute Sache einsetzen.

Ich will nicht jedem Menschen auf der Welt helfen.

Ich will mir vielmehr überlegen, wer ich innerhalb dieser Grenzen sein möchte und wie ich leben will.

Später, wenn ich in diesen Bereichen eine maßvollere Gangart entwickelt habe, kann ich vielleicht noch einige Aktivitäten aufgeben und wieder andere aufnehmen. Aber ich will nie wieder fieberhaft versuchen, zu vieles zu tun und zu sein, da ich mich auf diese Weise so verzettele, daß das, was im Leben wirklich wichtig ist, zerstört wird.

Laß die Tautropfen deiner Ruhe auf uns fallen,
bis wir ganz zur Stille kommen;
nimm von uns die innere Unruhe
und laß unser geordnetes Leben
die Schönheit deines Friedens bekennen.
John Greenleaf Whittier

Würde: Sich selbst etwas Gutes tun

Ist das nicht verrückt? Bloß, weil ich allein im Haus lebe, glaube ich, es sei nicht wichtig, das Haus in Ordnung zu halten. Ich mache mir nicht die Mühe, das Toilettenpapier auf die leere Rolle zu stecken. Ich lagere Sachen auf dem Fensterbrett. Ich schließe keine Schubladen oder Schränke, weil ich sie nicht wieder öffnen möchte. Ich halte es nicht für notwendig, regelmäßig das Geschirr zu spülen. Ich werfe die Papierschnipsel nicht fort, die überall im Haus herumliegen. Warum? Weil ja nur ich all das sehen muß.

Ist das nicht verrückt? Daß ich mir selbst so unwichtig bin, liegt an einem Mangel an Selbstachtung und endet in einem Teufelskreis. Der Zustand des Haushalts wird immer schlimmer, und ich kann viele Dinge nicht mehr wiederfinden. Ich kann keine Gäste einladen. Und mir ist es selbst zuwider, mein Haus zu betreten. In diesem Haus zu leben ist am Ende so, als wate man bis an die Hüfte in einem Sumpf, langsam und unangenehm.

Herr, bewahre mich davor, daß es für mich eine Anstrengung bedeutet, für mich selbst zu sorgen.

Persönliche Gedanken

Vision: Erkennen, was dahinter steckt

Was, wenn ich kein Messie wäre? Wäre ich dann perfekt? Wären meine Ehe und mein Familienleben perfekt? Nein. Die Unordnung, mit der ich kämpfe, ist möglicherweise Teil eines größeren Ganzen.

Während ich das Problem der Unordnung angehe, muß ich mich gleichzeitig bemühen, mich auch in anderen Bereichen meines Lebens zu ändern. Vielleicht habe ich sehr wenig Selbstkontrolle. Vielleicht bin ich ein ängstlicher Mensch. Womöglich habe ich ein schwaches Selbstbild. Wenn ich die geistlichen Dimensionen meines Lebens vernachlässigt habe, muß ich das ändern. Vielleicht muß ich überlegen, warum ich immer alles vor mir herschiebe. Gebe ich mir die größtmögliche Mühe, in meiner Familie verantwortlich mitzuarbeiten?

Die Grundsätze der Anonymen Messies, die Werte betonen wie Mäßigkeit, Stärke, Konzentration, Prioritäten und Planung, werden mir helfen, zu dem Menschen zu werden, der ich in meiner Vorstellung sein will.

Herr, hilf mir zu erkennen, daß meine Unordnung vielleicht nur Teil eines größeren Ganzen ist, an dem ich arbeiten muß.

Persönliche Gedanken

Konzentration

Die beste Art, einem Problem zu entkommen,
besteht darin, es zu lösen.

Brennan Francis

Prioritäten: Die richtige Reihenfolge erkennen

Als eine betagte Katze die Straße hinabstolzierte, blieb sie stehen und beobachtete, wie eine jüngere Katze ihrem Schwanz nachjagte. Immer wieder lief sie im Kreis herum, bis sie erschöpft war. Dann hielt sie einen Augenblick inne und lief wieder im Kreis herum und versuchte dabei, ihren Schwanz zu fassen. Als sie wieder einmal eine Pause einlegte, fragte die ältere Katze die jüngere, was sie da mache.

„Nun“, antwortete die junge Katze, „ich war in der Philosophenschule für Katzen. Dort haben sie mir beigebracht, daß Organisation das Wichtigste sei, wenn man ein glücklichen Leben führen wolle. Ich habe auch gelernt, daß die Organisation im Schwanz steckt. Wenn ich nur meinen Schwanz erwische und an ihm festhalte, werde ich glücklich sein.“

„Das ist interessant“, entgegnete die betagte Katze. „Ich war nie in einer Philosophenschule, aber auch ich habe gelernt, daß die Organisation im Schwanz steckt. Auch ich habe gelernt, daß sich Glück durch Organisation einstellt. Aber ich habe gemerkt, daß, wenn ich richtig denke und meine Aufgaben erledige – auch mein Schwanz organisiert ist und ich ihm nicht länger hinterherjagen muß. Dann bin ich glücklich.“

Herr, bewahre mich davor, daß ich erfolglos nach Ordnung strebe und das vernachlässige, was diese Ordnung hervorruft.

Persönliche Gedanken

Konzentration: Die innere Einstellung kontrollieren

In meinem Badezimmer lebt ein Skink, so nenne ich ihn jedenfalls. Man nennt ihn in Wirklichkeit Gecko – das ist eine Art Eidechse, ungefähr fünf Zentimeter lang. Das Tier sieht unangenehm schleimig aus mit seinen hervorquellenden Augen und schlangenartigen Bewegungen. Es ist sehr schnell. Ich kann es nicht fangen. Und manchmal kommt es in mein Schlafzimmer.

Die Folge ist, daß sich alle meine Handlungen um den möglichen Aufenthaltsort dieses Tieres drehen. Ich habe Angst davor, meine Hände abzutrocknen, denn das Tier könnte sich in einer Falte des Handtuchs versteckt haben. Ich schaue in meine Schuhe, bevor ich sie anziehe. Ich zögere, bevor ich den Wasserkrug hochhebe. Ich muß das Licht anmachen, bevor ich abends meinen Fuß auf den Boden setze.

Das Tier ist nur fünf Zentimeter lang, und ich bekomme es nur alle zwei bis drei Tage zu Gesicht – aber welchen Einfluß es auf mein ganzes Leben hat!

Ich bin so besessen von dem Gedanken an diesen kleinen Kerl, daß ich mich auf nichts anderes konzentrieren kann. Da kommt mir der Gedanke, daß es in meinem Leben vielleicht eine kleine skinkartige Idee gibt, die einen ebenso mächtigen Einfluß ausübt.

Lebe ich vielleicht deshalb in chronischer Unordnung, weil sich irgendein bösartiger, häßlicher Gedanke in mein Gehirn eingenistet hat, der nur selten ans Tageslicht kommt, aber dennoch mein ganzes Lebensgefühl durchdringt?

Den Skink werde ich wahrscheinlich nicht einfangen. Vielleicht habe ich mehr Glück mit meiner inneren Einstellung.

Herr, gib mir einen klaren Blick, damit ich die geistigen Skinks erkenne, die mein Leben so behindern, obwohl man sie nicht sieht.

Schönheit: Wir müssen einen Entschluß fassen

Ich glaube, daß Gott für mich sorgt. Das ist einer der Schlüssel für unsere Befreiung vom Chaos. Wenn ich wirklich glaube, daß Gott für mich sorgt, und für die, um deren Wohl ich mich so sehr bemühe, werde ich dann nicht frei von dem Zwang, so viel zu besitzen und so viel zu tun? Wenn ich ernsthaft glaube, daß Gott sich ganz persönlich um mich kümmert, daß er mich liebt und daß er mich so führen will, daß es mir letztendlich zum Besten dient, werde ich dann nicht alles weniger verbissen angehen? Dann muß ich mich nicht mehr ständig durch hektische Aktionen und Erfolgserlebnisse selbst beweisen.

Dieser Schritt besagt, daß wir einen Entschluß fassen. In Wirklichkeit muß ich immer wieder erneut die Entscheidung fällen, meinen Willen und mein Leben seiner Fürsorge anzuvertrauen. Ich gebe ihm meinen Willen und mein Leben, wenn ich Angst habe, wenn ich verwirrt oder entmutigt bin oder, und das ist am schwersten, wenn ich selbstbewußt bin. Kurz, Gottes Fürsorge befreit mich von meinem zwanghaft chaotischen Lebensstil und befreit mich zu der Aufgabe, mich um mich selbst zu kümmern. Im Vergleich dazu wirken meine menschlichen Anstrengungen kümmerlich.

Gott, der du für mich sorgst, laß mich spüren, daß du gut bist. Laß deine Güte in mein Leben fließen, und mache die falschen Anstrengungen zunichte, mit denen ich selbst meine Sehnsüchte stillen will.

Persönliche Gedanken

Zuversicht: Ich brauche Gelassenheit

Herr, gib mir die Gelassenheit
die Dinge anzunehmen, die ich nicht ändern kann,
den Mut, *das zu ändern, was ich ändern kann,*
und die Weisheit, *das eine vom andern zu unterscheiden.*
(Gebet um Gelassenheit)

Was für kühne Worte sind das, und wie sehr brauche ich sie, wenn ich die Probleme in Angriff nehme, die die Ursache für mein häusliches Chaos sind.

Ich brauche *Gelassenheit*, wenn ich mit Umständen konfrontiert bin, die ich nicht ändern kann. Einer der Gründe, weshalb ich solche Mühe habe, mit der Organisation meines Lebens Fortschritte zu machen, liegt vielleicht darin, daß ich zu viel Zeit und Energie damit verbringe, mich mit Dingen abzuplagen, die ich nicht ändern kann. Je mehr ich gegen sie ankämpfe, desto tiefer verstricke ich mich in Schwierigkeiten.

Ich brauche *Mut*, die Dinge zu ändern, die ich ändern kann. Keiner weiß, wieviel Mut ich brauche angesichts meiner Ängste, wenn es darum geht, mich von Dingen zu trennen. Manchmal fürchte ich mich so sehr, daß ich den Plunder behalte, falls sich darunter vielleicht doch versehentlich ein „Schatz" befindet.

Ich brauche *Weisheit*. Vielleicht liegt die größte Weisheit in dem Wissen, daß ich viele Fehler machen werde bei dem Versuch, mein Leben in den Griff zu bekommen. Entscheidungen zu treffen birgt immer ein Risiko in sich. Die schlechteste Entscheidung ist in jedem Fall die, mögliche Fehler vermeiden zu wollen.

O Gott, du hast Gelassenheit, Mut und Weisheit. Bitte, rüste mich mit diesen Eigenschaften aus, wenn ich sie brauche.

Geduld: Einen Selbstschutz aufbauen

„Schützt mich vor den Dingen, die ich haben will", schreibt Jenny Holzer, eine avantgardistische Wortkünstlerin aus New York, die solche Botschaften als Kunst an öffentlichen Orten anbringt.

Woher kennt sie mich? Hat sie meine tiefsten Sehnsüchte gesehen? Weiß sie, wie sehr ich manchmal von dem Drang, etwas „haben zu wollen", überwältigt werde?

Das Traurige daran ist, daß dieses „Habenwollen" nicht immer das widerspiegelt, was ich tatsächlich bei klarem Verstand haben möchte. Jenseits aller Vernunft verliere ich irgendwie die Kontrolle über meine Möglichkeiten zur Auswahl und beginne, Dinge in mein Leben zu ziehen, wie ein Betrunkener, den es an die Bar treibt, oder wie eine Eß-/Brechsüchtige, die es zum Kühlschrank zieht. Das Schlimmste für Messies ist, daß es später fast unmöglich ist, die gesammelten Dinge wieder los zu werden. Ich habe mich eigentlich gar nicht willentlich für sie entschieden. Nun kann ich mich scheinbar nicht entscheiden, sie loszuwerden.

Wenn ich zu wissen glaube, was ich will, gehört es zu meinem Selbstschutz, die Geduld aufzubringen, um mir die Zeit zu nehmen und die Mühe zu machen, dieses „Habenwollen" zu hinterfragen, wenn ich nicht mehr den zwanghaften Drang nach dem Besitz verspüre.

Jenny hat recht: „Schützt mich vor den Dingen, die ich haben will."

Herr, wie kann ich für eine solche Schwäche beten? Aber ich tue es dennoch.

Würde: Machtlos dem Chaos ausgeliefert?

Der erste der zwölf Schritte der Anonymen Alkoholiker lautet: „Wir geben zu, daß wir dem Alkohol gegenüber machtlos sind – und unser Leben nicht mehr meistern konnten."

Manche Leute machen einen großen Unterschied zwischen Alkoholismus und Unordnung. Alkoholismus wird als ernsthaftes Problem gesehen, während häusliche Unordnung als geringfügiges Problem erachtet wird, als Ärgernis, manchmal werden sogar Witze darüber gemacht. Und zweifellos hat der Alkohol, global gesehen, eine größere zerstörerische Wirkung.

Wenn ich jedoch Tag für Tag von meiner eigenen Unfähigkeit gedemütigt werde, mein Leben und mein Umfeld in den Griff zu bekommen, rückt das Problem der Desorganisation auf geradezu bösartige Weise ins Blickfeld. Wie der Alkoholiker weiß ich, daß ich der Unordnung machtlos gegenüberstehe und mein Leben nicht mehr meistern kann. Wie der Alkoholiker muß auch ich dahin gelangen, das volle Ausmaß des Problems zu erkennen. Unordnung ist kein witziger Teil meiner ansonsten liebenswerten Persönlichkeit. Sie ist eine Beleidigung und ein Fallstrick für meine Bemühungen, etwas von Bedeutung zu erreichen.

Indem ich den ersten Schritt akzeptiere, verleihe ich mir Würde, indem ich mein Problem in Angriff nehme, begebe ich mich auf den Weg der Besserung.

Herr, hilf mir, das volle Ausmaß meines Problems zu akzeptieren, damit ich mich auf den Weg der Veränderung begeben kann.

Vision: Hilfsangebote nutzen

Welch einen Vorteil habe ich gegenüber denjenigen, die vor mir gelebt haben! In früheren Zeiten müssen die Menschen ihr ganzes Leben lang allein gegen ihr Chaos angekämpft haben. Manchen ist das vielleicht geglückt. Aber ich bin sicher, daß viele auch gescheitert sind.

Heute bekomme ich von so vielen Seiten Hilfe und Anleitung – Bücher zum Beispiel, die Methoden der Organisation vorstellen oder die mein Verständnis für mein Problem und seine Lösung erhellen. Ich kann mir Hilfe von Menschen holen, die professionell mit Organisation zu tun haben. Ich kann, wenn ich das möchte, zu den Treffen der Anonymen Messies gehen, die mich in meinen Bemühungen unterstützen. Der Ausweg aus meiner Lage ist rauh und zuweilen unwegsam, aber er ist gut beleuchtet.

Dafür bin ich dankbar.

Herr, danke für die vielfältigen Hilfsangebote, die mir zur Verfügung stehen. Doch ich bitte dich nun, meine größte und letztendliche Hilfe zu sein, damit ich auch bereit bin, die mir angebotene Unterstützung anzunehmen. „Gott ist unsere Zuversicht und Stärke, eine Hilfe in den großen Nöten, die uns getroffen haben." (Psalm 46, 1)

Persönliche Gedanken

Schönheit

Bekommst du nur schlichte Schönheit und nichts sonst, bekommst du das Beste, was Gott erdacht hat.

Robert Browning

Prioritäten: Erfüllung suchen und finden

In dem Wort *Erfüllung* steckt das Wort *füllen*. Könnte es sein, daß ich Erfüllung zu finden versuche, indem ich mein Leben mit so vielen Aktivitäten, so vielen Hobbys und so vielen Dingen anfülle? Ich habe zu viele Talente, zu viele Interessen, zu viele verantwortliche Aufgaben für einen einzelnen Menschen. Und doch habe ich keine Erfüllung.

Zu lange habe ich am falschen Ort nach Erfüllung gesucht. Ich habe das Gefühl, daß ich Dinge, die ich sammeln kann, und Aktivitäten, die ich tun kann, benutze, um eine Leere zu füllen, die keine noch so große Anzahl an Dingen außerhalb von mir selbst je ausfüllen kann. Ich habe sie als Ersatz für echte Erfüllung benutzt. Bis ich wirkliche Erfüllung finde, werde ich immer wieder versucht sein, nach solchen Ersatzmitteln Ausschau zu halten und mich fragen, weshalb sie mich letztendlich doch nie befriedigen.

Es ist leicht, Dinge zu horten und immerzu beschäftigt zu sein. Echte Befriedigung zu finden ist schwer. Vielleicht ist nun die Zeit gekommen, daß ich endlich aufhöre, außerhalb von mir selbst die Befriedigung zu suchen, nach der ich mich sehne.

Vielleicht sehne ich mich nach meinem wahren Selbst. Und vielleicht habe ich Verlangen nach etwas oder jemandem, das oder der größer ist als ich selbst. Pascal, der französische Mathematiker und Philosoph, sagte einmal, daß es im Herzen jedes Menschen einen Raum gebe, den nur Gott ausfüllen kann. Vielleicht suche ich in Wahrheit nach ihm.

Lieber Herr, bewahre mich davor, dauernd an falschen Orten nach dem zu suchen, was mir echte Befriedigung verschafft. Hilf mir, auf die Stimme zu hören, die mich zu wahrer Erfüllung führt, damit ich nicht mehr all diesen Plunder sammeln muß.

Konzentration: Ständiges Training hilft

Unordnung ist kein moralisches Problem. Sauberkeit oder Ordnung kommt nicht gleich nach Frömmigkeit. Wenn mein Haushalt sich in einem wilden Durcheinander befindet, ist er nicht notwendigerweise ein Spiegelbild meiner Seele. Es ist hilfreich, diese Dinge zu trennen.

Aber Gott ist „eine Hilfe in den großen Nöten, die uns getroffen haben". Mein desorganisiertes Leben ist eine meiner größten Nöte. Gewiß weiß er das, und es ist ihm nicht egal. Der zweite Schritt der Anonymen Alkoholiker besagt, daß ich glaube, daß mich eine Macht, die größer ist als ich selbst, wieder gesund machen kann. Gesunder Verstand, Ordnung, Ausgeglichenheit, Harmonie, Frieden – wie sehr sehne ich mich danach.

Wenn jemand ein schlechter Basketballspieler ist, kann er seine Leistungen durch einen guten Trainer und ständiges Training verbessern. Ich werde mir alle Anleitungen beschaffen, die ich bekomme, und werde durch Gottes Gnade lernen, der bestmögliche Spieler in der Haushaltsarena zu sein – zu meinem Besten und seiner Ehre.

Herr, lehre du mich selbst oder durch andere, damit ich am Ende des Spiels als Gewinner dastehe.

Persönliche Gedanken

Schönheit: Den eigentlichen Feind erkennen

Weil die Ordnung in meinem Haus in so starkem Maße auch andere betrifft, muß ich überlegen, wie sie in das veränderte Bild passen, das ich gestalten will. In meinem Eifer, Ordnung und Schönheit zu schaffen, muß ich mit den Vorlieben und Wünschen von anderen rechnen, die mit mir zusammenleben. Ich kann ihnen nicht einfach meinen Willen aufzwingen. Noch kann ich Erwartungen hegen, die sie erfüllen müssen, um unser Haus schön zu gestalten.

Andere Veränderungen, wie Abnehmen, mit dem Rauchen aufhören, den Drogen- oder Alkoholkonsum einstellen, sind in viel stärkerem Maße Veränderungen, die nur meine Person betreffen – obwohl sie in mancher Hinsicht ebenfalls die Familie angehen. Und diese Veränderungen haben tatsächlich etwas gemein mit den Veränderungen, die ich herbeiführen will.

Obwohl meine Familie ein wichtiger Faktor für die Unterstützung oder Behinderung meiner Veränderungen im Haushalt sein mag, kann sie doch nicht eine tragende Stütze für diese Veränderung sein. Ich muß die Entscheidung zur Veränderung treffen, und ich bin verantwortlich für meine Veränderungen, weil ich mein Leben ändern will. Ich allein muß wählen, was für ein Leben ich führen will.

Als Pogo die berühmten Worte ausstieß: „Wir sind auf den Feind gestoßen – nämlich auf uns selbst", hat er meine Situation beschrieben.

Herr, hilf mir, meinen Blick auf mich selbst zu richten – denn nur so kann ich dauerhafte Veränderung bewirken.

Zuversicht: Ich selbst kann es mir schön machen

„Einen schönen Tag", sagen die Verkäufer immer wieder, wenn sie mir in den Geschäften meine Tüten aushändigen. Das klingt, als hätte ich die Wahl – und das habe ich auch!

Es liegt an mir, ob ich das tue, was die Verkäufer mir wünschen, und einen „schönen Tag" verlebe. Ich kann mich auch für das Gegenteil entscheiden und einen schlechten Tag erleben.

Ich weiß, daß zu einem schönen Tag gehört, daß ich die Kontrolle über mein Leben habe. Es ist unrealistisch zu glauben, daß ich mein Leben in jeder Hinsicht voll im Griff habe, besonders, wenn ich erst eben den Weg der Genesung beschritten habe. Ich kann jedoch jeden Tag ein wenig dazu beitragen, mein ungeordnetes Leben immer mehr in den Griff zu bekommen.

Heute werde ich etwas tun, um Ordnung in mein Leben zu bringen, damit ich einen schönen Tag erlebe.

Herr, danke, daß du mir die Wahrheit gezeigt hast, daß tatsächlich ich es bin, der mein Leben kontrolliert. Was für eine Verantwortung und was für eine Erleichterung ist es, das zu wissen.

Persönliche Gedanken

Geduld: Das Leben neu arrangieren

Unsere Stärken arbeiten gegen uns. Nur fähigen Leuten wird größere Verantwortung zugeteilt. Nur kreative Menschen stehen in der Versuchung, noch ein weiteres vielversprechendes Projekt in Angriff zu nehmen. Nur kultivierte, intelligente, engagierte und tatkräftige Leute sind in der Gefahr, sich zu übernehmen, weil sie sich keine Gelegenheit zu neuen Aktionen entgehen lassen. Sie sind so lebendig, an so vielem interessiert. Unsere eigene Aufgewecktheit wird uns zum Verhängnis, wenn wir nicht achtgeben.

Ich muß meinen Tag vernünftig planen, ihn nicht mit so vielen Aktivitäten anfüllen, daß ich ihm den Lebensatem abschnüre. Wenn ich zu viele Dinge erledigen will, werde ich nichts wirklich gut machen.

Ich muß achtgeben, daß ich mein Leben gleich einem Orchester sorgfältig arrangiere. Zu laute Violinen oder andere Instrumente, die alles übertönen, zerstören den Gesamteindruck der Musik.

Herr, laß mich die Musik meines Lebens gut spielen, weil ich nur eine Vorstellung habe und jeder Tag ein wichtiger Satz in dem Ganzen ist.

Persönliche Gedanken

Würde: Keine Angst vor Organisation

Es ist für die Persönlichkeit eines Messies oft nicht leicht, das Problem der Desorganisation klar als solches zu erkennen. Mein Schwachpunkt, meine Unorganisiertheit nämlich, enthält auch so viel Gutes. Und umgekehrt liegt in meinen Stärken auch so viel Schlechtes.

Der Teil meiner Persönlichkeit, der nicht vorausplant, eröffnet mir zum Beispiel oft wunderbare und einzigartige Abenteuer und Erfahrungen. Viele Messies fürchten sich davor, ihr Leben zu organisieren, weil sie den Verlust ihrer Spontaneität fürchten.

Wenn wir Messies sind, verschärfen unsere Stärken häufig noch unser Problem mit der Unordnung. Meine intellektuelle Ader will Auszüge aus Büchern und Artikeln aufbewahren. Meine Kreativität braucht eine Fülle von Material.

Unsere Schwächen können sich positiv auswirken und unsere Stärken negativ. Hier ist ein klarer Kopf und Entschlossenheit angesagt, um diese Probleme zu entwirren. Nur mein sehnlicher Wunsch nach einem Leben in Würde wird mich dazu befähigen.

Herr, manchmal fühle ich mich völlig durcheinander. Ich weiß, daß du den klaren Überblick hast. Erleuchte und führe mich, daß ich mein Denken an den Punkten entwirre, wo ich eine bessere Lebensqualität erreichen will.

Persönliche Gedanken

Vision: Eine neue Sicht der Dinge

Es ist erstaunlich, wie eine veränderte Sichtweise dazu beitragen kann, mein Problem mit dem Haushalt in einem anderen Licht zu sehen.

Ein Messie berichtete, sie habe eine Einkehrtagung besucht. Seelisch gestärkt und aufgerichtet kehrte sie nach Hause zurück, und das häusliche Chaos bohrte sich wie ein Pfeil in ihre Seele. Der Gegensatz zwischen der Aufgeräumtheit ihrer Seele und der Unordnung im Haus war schmerzlich. An diesem Tag begann in ihrem Inneren eine Veränderung. In der Mauer des „Nicht-wahrhaben-wollens“ hatte es einen kleinen Sprung gegeben, und sie sah die Dinge, wie sie wirklich waren.

Später kamen ihr noch andere Einsichten, bis sie zu der Erkenntnis gelangte, daß die Ursache für all ihre hektischen Aktivitäten im Grunde in ihrem mangelnden Vertrauen lag, daß Gott immer für sie sorgen werde. So trennte sie sich von ihrem perfektionistischen Bedürfnis, alles aufzuheben, um für sich selbst oder für andere eine unsichere Zukunft abzusichern. Gleichzeitig wuchs in ihr die Überzeugung, daß Gott alle ihre Bedürfnisse stillen werde.

So brach der Damm der Furcht, und als Folge lichtete sich auch in kurzer Zeit das Chaos im Haus.

Großer Gott, wir kriechen auf dem Boden herum auf der Suche nach den Brosamen, die vom Tisch fallen, während du für uns ein Festmahl bereitet hast. Nimm uns, deinen bedürftigen Kindern, die Angst und öffne unsere Augen für deine Fürsorge.

Zuversicht

Ihr furchtsamen Heiligen, faßt frischen Mut,
die Wolken, die ihr so sehr fürchtet
sind voll von Gnade und strömen
über eure Häupter den Segen.

William Cowper

Geduld: Keine Angst vor Schönheit

In früheren Zeiten glaubten die Seeleute, daß sie sich vor schönen Frauen in acht nehmen müßten, die man Sirenen nannte. Diese wunderbaren Kreaturen saßen auf den Felsen entlang der Küste und sangen den Seeleuten etwas vor, so daß diese ihre Orientierung verloren, auf einen Felsen prallten und so den Tod fanden.

Wenn ich versuche, mein Leben zu planen, einen Stundenplan zu erstellen und mein Haus zu organisieren, locken mich gute und schöne Dinge immer wieder von meinem eingeschlagenen Weg weg. Sie lassen mich meine Verantwortung und meine Ziele vergessen. Wie gut verstehe ich die Verlockungen der Seefahrer.

Es bedarf einer geistigen Reife, die mir bislang gefehlt hat, Prioritäten in meinem Leben zu setzen *und an meinen Zielen festzuhalten.* Für diese wunderbaren Dinge, die mich jetzt ablenken, wird es auch einmal Zeit und Stunde geben, aber erst, wenn ich Ordnung in mein Leben gebracht habe und die Verantwortung übernehme, diesen Zustand aufrechtzuerhalten. Dann werde ich Zeit haben, dem Gesang der Sirenen zu lauschen.

Herr, hilf mir, einer höheren Stimme zu folgen, wenn ich den Ruf der Sirenen vernehme.

Persönliche Gedanken

Konzentration: Eindeutigkeit kann helfen

„Zwiespältigkeit kann dein Leben zerstören", schreibt die bereits erwähnte Künstlerin Jenny Holzer auf Reklameflächen und Parkbänke in New York.

Aber solche Ambivalenz ist auch befriedigend. Ich sage mir, daß ich zwiespältig bin, weil ich beide Seiten so gut verstehen kann. Ich kann keine Entscheidung treffen, weil ich nicht weiß, was die Zukunft bringt. Aber sobald ich die Zukunft klarer vor Augen habe, werde ich eine Entscheidung fällen. So warte ich unbewußt auf eine Offenbarung, damit ich mich entscheiden kann. Ich bewege mich vorsichtig, sogar vernünftig, während die Menschen in meinem Umfeld überstürzte Entscheidungen treffen, die sie vielleicht später bereuen.

Andere wären gut beraten, meinem Beispiel nachzueifern, sage ich mir, und nicht so viele Entscheidungen zu fällen. Sie täten besser daran, mir Gesellschaft zu leisten, während sich die ungelösten Probleme um uns herum auftürmen. Wir sollten jeden Bereich potentieller Entscheidungen bedenken und miteinander abwägen.

Doch während ich weise und vorsichtig abwarte, wollen die anderen mir keine Gesellschaft leisten. Irgendwie treffen sie ihre Entscheidungen, und ihr Leben geht weiter. Wie schrecklich, ich hoffe, sie machen keinen Fehler. Aber, so frage ich mich doch manchmal, könnte Jenny Holzer recht haben?

Herr, gib mir den Mut, Entscheidungen zu treffen. Es ist so schwer, und ich belüge mich selbst.

Schönheit: Kurzfristige Ziele stecken

Golfer haben eine Erfolgsmethode, die sich in vielen Bereichen unseres Lebens anwenden läßt. Wenn sie wollen, daß ihr Ball weit entfernt von ihrem Ausgangspunkt landet, konzentrieren sie ihre Aufmerksamkeit auf einen näher liegenden Punkt, der zwischen dem Ball und dem fernen Ziel liegt. Trifft der Golfball dieses Zwischenziel genau, wird er aller Wahrscheinlichkeit auch das Fernziel erreichen.

Wenn es mir schwer fällt, das ferne Ziel für meinen Haushalt im Blick zu behalten, konzentriere ich mich auf die näher liegenden Ziele. Heute werde ich das Bett machen. Ich werde Dinge, die ich aus dem Schrank genommen habe, wieder dorthin zurücklegen. Ich werde eine Arbeit beenden, bevor ich eine andere beginne. Ich werde „nein“ sagen zu mir selbst und anderen, wenn diese betreffende Angelegenheit nicht zu meinen Prioritäten gehört. Einen perfekt ausgeführten Golfschlag zu beobachten, der den Ball in einem anmutigen Bogen seinem fernen Ziel entgegenfliegen läßt – das ist ein wunderschöner Anblick. Während wir uns abmühen, Schönheit in unserem Leben zu schaffen, können wir daran denken, daß diese Schönheit durch unzählige kleinere Bemühungen und viele kurzfristige Ziele erreicht wird.

Wenn ich meinen Blick auf diese täglichen Ziele richte, nähere ich mich Tag für Tag dem endgültigen Ziel.

Herr, wie gut, daß der große und weit entfernte Erfolg durch das Erledigen solcher kleinen und unmittelbar anstehenden Aufgaben erreicht werden kann.

Zuversicht: Nur der Starke kann Stärke vermitteln

„Speise ging aus vom Fresser und Süßigkeit vom Starken“ (Richter 14, 14).

Wenn meine Bedürfnisse gestillt werden, bin ich so gestärkt, daß ich auch den Bedürfnissen anderer Menschen gerecht werden kann. So, wie eine stillende Mutter selbst Nahrung zu sich nehmen muß, um ihr Kind zu nähren, so muß auch ich, die für andere sorgt, zuvor selbst versorgt worden sein. Ich kann nicht geben, was ich nicht selbst habe.

Frauen sind Ernährerinnen. Ich muß mich gut um meine eigene Gesundheit kümmern – körperlich, seelisch, geistig und geistlich. Nur dann werde ich, der Fresser, anderen Speise geben können. Und aus meiner Stärke wird Süßigkeit hervorgehen.

Das Wort des Tages ist *Stärke* – die ich für mich und für andere brauche.

Herr, gib mir die Kraft zum Weitergehen in einer Welt, in der mich Chaos und Unordnung ermüden. Und laß aus dieser Stärke Süßigkeit hervorgehen.

Persönliche Gedanken

Geduld: Das Feuer neu entfachen

Es ist sehr schwer, das hohe Maß an Aufmerksamkeit, Interesse, Energie und Begeisterung aufrechtzuerhalten, die ich benötige, um eine dauerhafte Ordnung im Haushalt aufrechtzuerhalten. Als Messie führe ich einen mühseligen Kampf gegen mich selbst. Der Kampf gegen meine Ablenkbarkeit, meine Vergeßlichkeit, meine Unfähigkeit, Dinge zu bemerken, die nicht da sind, wo sie sein sollten, beginnt meine Entschlußkraft zu unterhöhlen.

Wenn das Feuer der Begeisterung auf Sparflamme brennt, muß ich lernen, nicht aufzugeben. Aus Erfahrung weiß ich, daß mit Geduld, Ausruhen, der Aufrechterhaltung eines Minimalprogramms wie Bettenmachen und andere kleinere Tätigkeiten meine Begeisterung wieder zurückkehrt. Vor allem muß ich achtgeben, daß ich während dieser schwierigen Phase nicht von Schuldgefühlen und Verzweiflung überwältigt werde. Denn sonst dauert es nur noch länger, bis ich wieder genügend Motivation habe.

Nach der Nacht bricht die Morgendämmerung an. Nach dem Winter kommt der Frühling. Auch was meine Haushaltsführung betrifft, gibt es für mich unterschiedliche Phasen. Nach Zeiten der Entmutigung kehrt der Optimismus zurück. Und durch alle diese Hochs und Tiefs hindurch verbessert sich der Zustand meines Hauses ständig.

Herr, hilf mir, ob ich nun gute oder schlechte Zeiten erlebe, mein Ziel nicht aus dem Auge zu verlieren.

Würde: Ist die Schmerzgrenze schon erreicht?

Ein Fremder kam in der Kühle des Spätnachmittags auf die Berghütte zu. Die Familie saß auf der Veranda. Ein Jagdhund lag schlafend neben ihnen und ächzte und knurrte vor Schmerzen.

„Was ist mit eurem Hund los?“ erkundigte sich der Fremde.

„Er liegt auf einem Nagel“, lautete die Antwort.

„Auf einem Nagel!“ rief der Fremde. „Warum steht er denn nicht auf?“

„Die Schmerzen sind noch nicht so groß, daß er sich in Bewegung setzt.“

Eine Änderung der Lebensgewohnheiten ist so mühsam, daß ich erst einen großen Leidensdruck verspüren muß, bevor ich diese Möglichkeit überhaupt ins Auge fasse. Es ist mir bewußt, daß ich den Zustand meines Hauses nicht ändern kann, wenn ich nicht zuvor mein Denken, meine Gefühle und meine Werte ändere und vieles, was mir wichtig ist. Kein Wunder, daß ich lieber leide, als mich zu verändern. Aber ich bin kein Hund, der auf einem Nagel sitzt. Ich bin ein Mensch mit Würde. Ich habe Gottes Plan für mein Leben vor mir. Womit kann ich meine Bereitschaft entschuldigen, lieber Schmerzen zu ertragen, als mich in Bewegung zu setzen?

Gott, hilf mir, mir meiner Schmerzen bewußt zu werden. Hilf mir zu erkennen, welche Veränderungen ich einleiten muß. Aber mehr noch, hilf mir, deinen Plan für mein Leben zu erkennen.

Persönliche Gedanken

Vision: Sich selber besser kennenlernen

Manchmal glaube ich, daß ich schwach, schlecht, undiszipliniert, faul oder verrückt bin, weil ich dieses Problem mit der Unordnung habe. Aber meistens halte ich mich doch für einen sehr normalen und gesunden Menschen. Ich selbst bin am meisten überrascht, daß ich dieses Problem habe. Ich führe doch scheinbar ein produktives, normales Leben (für mich zumindest ist es normal). Und doch hinterlasse ich eine unangenehme Spur von Unordnung und Chaos.

Manche Fachleute meinen, daß Menschen, die ein solches Problem haben wie ich, vielleicht in wichtigen Bereichen sich selbst entfremdet sind. Manchmal glaube ich, daß sie recht haben. Ich bin *tatsächlich* wesentlichen Gefühlen entfremdet. Im Grunde meines Herzens habe ich Angst, nicht liebenswert oder annehmbar zu sein. Ich habe Schwierigkeiten mit meinem Menschsein, meiner Schwäche, meiner Fehlbarkeit. Ich habe gemischte Gefühle. Ein Teil von mir fühlt sich wohl und ganz normal. Ein anderer Teil vermutet, daß es unter der ruhigen Oberfläche meines Lebens eine starke Unterströmung gibt. Diese Strömung zeigt sich in meiner Unordnung.

Doch wenn das Problem der Unordnung mich dazu bringt, zu wachsen, zu reifen und mich innerlich zu verändern, stellt es sich am Ende vielleicht eher als Segen denn als ein Problem heraus. Vielleicht hilft es mir, meine Sichtweise zu verändern.

O Herr, es ist merkwürdig, wie die Dinge sich entwickeln. Meine Unordnung dient mir gleichzeitig als Lehre, und sie ist mir ein Problem. Das ist mir viel zu kompliziert. Bitte, gebrauche mich, und hilf mir, meinen Weg zu finden.

Geduld

Laß dich durch nichts beunruhigen,
durch nichts dich erschrecken;
alle Dinge sind vergänglich;
Gott ändert sich nie.
Alle Dinge bedürfen ein
geduldiges Aushalten;
wer Gott besitzt,
dem fehlt es an nichts;
Gott allein genügt.

Teresa von Avila

Prioritäten: Die siamesischen Zwillinge

Saubermachen und Organisieren sind zwei unterschiedliche Dinge. Sie sind wie siamesische Zwillinge, voneinander getrennt und doch zusammengewachsen. Ihrer beider Leben hängt voneinander ab. Obwohl viele Messies es mit der Sauberkeit sehr genau nehmen, ist es unwahrscheinlich, daß ein chaotischer Haushalt so sauber wird, als wenn er durchorganisiert und geordnet ist.

Es ist schwieriger zu organisieren, als sauberzumachen. Eine Frau aus Panama hatte mehrere Hausmädchen, die nur ihre Stapel abstaubten. Erst mit Organisation werden wir unseren Haushalt richtig sauber bekommen.

Wenn ich in einem geordneten Haus in einer angenehmen Atmosphäre leben will, muß ich beiden Zwillingen meine Aufmerksamkeit schenken. Der Gedanke an ein sauberes Haus, in dem die Armaturen im Bad blitzen, die Möbel glänzen, der Teppich gesaugt ist und die Fenster blinken, läßt mein Herz singen.

Ich werde die Zwillinge der Ordnung und Sauberkeit in mein Haus einladen und sie zum Bleiben auffordern – nicht als Gäste, sondern als vertraute Mitglieder der Familie.

Herr, welch ein Traum! Besser noch, was für eine Möglichkeit! Hilf mir, ein sauberes und organisiertes Haus zu bekommen.

Persönliche Gedanken

Konzentration: Engagement und gemäßigtes Tempo

Wenn ein Spielsüchtiger aufhören will zu spielen, muß er immer noch seine Spielschulden zurückzahlen. Wenn eine zwanghaft Eßsüchtige normale Eßgewohnheiten annimmt, muß sie immer noch ihr Gewicht verlieren. Wenn ein Alkoholiker nüchtern wird, hat er immer noch die Probleme, die er durch seinen Alkoholismus verursacht hat.

So ist es nicht verwunderlich, daß, selbst wenn ich ein Programm finde, mit dessen Hilfe ich mein Leben normalisieren kann, ich doch mit der Unordnung und dem Chaos der letzten Jahre fertig werden muß. Das liegt in der Natur der Sache.

Doch jetzt werde ich mit Zuversicht, Engagement und in gemäßigtem Tempo darangehen, mein Haus und mein Leben aufzuräumen. Ich schaue nicht mit Bedauern in die Vergangenheit. Das führt nur zur Verzweiflung. Ich sehe auch nicht auf den Berg von Arbeit, der vor mir liegt, weil ich sonst den Mut verlieren würde. Ich sehe nur auf die eine Aufgabe, die jetzt gerade ansteht. Ich konzentriere mich auf diesen heutigen Tag. Wenn ich auf solche Weise konsequent mein Programm einhalte, wird der Erfolg nicht ausbleiben.

Herr, gib mir Vertrauen in mein Programm, auch wenn mein Selbstvertrauen gleich Null ist.

Persönliche Gedanken

Schönheit: Die Technik ist auch nicht die Lösung

Frauen arbeiten heute genausoviel wie vor der Erfindung moderner Haushaltsgeräte. Doch die Art der Arbeit hat sich geändert. Die moderne Haushaltsarbeit ist körperlich weniger anstrengend, dafür aber wegen der elektrischen Geräte geräuschvoller. Ich sehne mich keineswegs nach den Zeiten haushälterischer Knochenarbeit zurück. Aber irgendwie vermisse ich doch manche Vorteile, die dieses Leben in meiner Vorstellung hatte.

Ich vermisse die, wenn auch erzwungene, Gemeinschaft der Familie beim Geschirrspülen. Die Kunst des Spinnens erscheint mir verlockend – das Rad dreht sich, der Fuß tritt im Rhythmus, und man hat Zeit, über vieles nachzudenken. Ich vermisse Handarbeiten, wie zum Beispiel das Sticken. Man konnte sich in Ruhe hinsetzen, mit anderen Frauen reden oder einfach seinen Gedanken nachhängen.

Ich glaube nicht, daß ich in Zukunft mein Geschirr von Hand spülen will. Ich glaube nicht, daß ich ein Spinnrad oder ein anderes entzückendes, aber in der heutigen Welt unpraktisches Gerät anschaffen werde. Doch ich möchte mir irgendeine Art von Handarbeit suchen, und diese Zeit werde ich zum Nachdenken und zur inneren Einkehr nutzen – und auf diese Weise auch Ordnung in meiner Seele schaffen.

Herr, gib mir Zeit zur Besinnung, und lenke du meine Gedanken.

Zuversicht: Alte Denkstrukturen ablegen

Aus Raupen werden Schmetterlinge. Aber eine Raupe kann kein Schmetterling werden, wenn sie nicht zuerst das Stadium der Verpuppung durchläuft, dieses Zwischenstadium, in dem sie weder eine Raupe noch ein Schmetterling ist. In dieser Zeit wird die Raupe zu einem hilflosen, klebrigen Klumpen, während sie sich in ein völlig anderes Tier verwandelt. Wäre ich eine Raupe, die sich gerade in einen Schmetterling verwandelt, würde ich mich in diesem Zustand nicht wohl fühlen. Als Messie, die sich gerade zur kompetenten Durchschnittshausfrau mausert, fühle ich mich in dem unsicheren und unvertrauten Zwischenstadium nicht gerade wohl.

Ich will nicht mehr alles aufbewahren, aber kann mich so schlecht entscheiden, von was ich mich trennen soll. Ich habe den Entschluß gefaßt, nicht einfach alles auf dem Tisch zu stapeln. Aber wo soll ich die Sachen statt dessen hinlegen? Ich habe einige meiner alten Gewohnheiten und meiner alten Denkstrukturen und Empfindungsmuster abgelegt, doch sie sind noch nicht durch neue ersetzt worden.

Ja, dieses Zwischenstadium ist sehr unbehaglich. Jemand hat einmal gesagt, man könne kein neues Land entdecken, wenn man die vertraute Küste nicht schon sehr lange hinter sich gelassen hat.

Lieber Herr, ich werde sehr, sehr froh sein, wenn ich ganz neue Gewohnheiten angenommen und neue und geordnete Lebensmuster entwickelt habe. Doch wenn die Übergangszeit auch noch so schwer ist, mit deiner Hilfe werde ich nicht umkehren.

Geduld: Den Frust erkennen und durchleuchten

Wir Messies erkennen oft nicht, daß es uns deshalb so schwerfällt, uns von all dem Plunder um uns herum zu trennen, weil er eine solche Quelle des Trostes für uns ist. Irgendwann einmal haben wir den Entschluß gefaßt, daß, wenn es uns schon nicht gelingt, unser Leben zu organisieren, wir es zumindest schützen könnten, indem wir es sozusagen mit einer Pufferzone von vertrauten und behaglichen, wichtigen und alltäglichen Dingen umgeben. Sie alle dienen als Erinnerung an Ereignisse in unserem Leben. Allein ihre Fülle zeugt von der Vielschichtigkeit und Wichtigkeit unseres bisherigen Lebensweges.

Ich muß versuchen, daran zu denken, daß meine Festung von Plunder, so tröstlich sie auch sein mag, einen sehr unbehaglichen Lebensstil widerspiegelt. Ich suche in meinen angesammelten Dingen Trost. Doch sie schaffen nur Verwirrung. Ich will durch meine „Sammlung“ Bedeutung erlangen. Doch sie bringt mir nur Frustration.

Könnte ich mehr Lebensqualität gewinnen, wenn ich die Worte Jesu mehr zu Herzen nehmen würde: „Niemand lebt davon, daß er viele Güter hat“(Lukas 12, 15)?

Herr, hilf mir, meine mit allen möglichen Dingen gefüllte Hand zu öffnen, damit ich mit ihr die Ordnung ergreifen kann, die du für mich erdacht hast.

Würde: Das gute Gefühl, endlich aufzuwachen

Es gibt Bereiche in meinem Leben, die sozusagen im Tiefschlaf liegen. Dazu gehört zum Beispiel meine Fähigkeit, Schönheit und Ordnung zu schaffen. Jetzt habe ich das Gefühl zu erwachen.

In meiner Seele verspüre ich den leisen Wunsch nach einer neuen Art zu leben. Ich verspüre in mir nicht nur den Wunsch, sondern auch den Willen zur Veränderung.

Ich öffne meine Augen für einen anderen Menschen. Ich schaffe ein neues Bild von mir selbst. Ich bin ein Mensch mit Wert und Würde. Ein Großteil meines Plunders hat sich angesammelt, weil ich so wenig Achtung vor mir selbst hatte. Früher aß ich irgendwelche Reste auf einem Pappteller an einem schmucklosen Tisch. Heute erwarte ich ein gutes Essen auf einem Porzellanteller – mit einer Rose neben dem Gedeck.

Langsam schraube ich meine Ansprüche an ein befriedigendes Leben höher. Das ist ein neues und gutes Gefühl.

Herr, wie konnte ich nur in ein solches Denkmuster hineingeraten? Warum hatte ich so wenig Achtung vor mir selbst? Mehr noch: Herr, wie komme ich da heraus?

Persönliche Gedanken

Vision: Vertrauen in die Zukunft finden

Einer der Hauptunterschiede zwischen einem Messie und einer kompetenten Durchschnittshausfrau liegt darin, daß diese Hausfrau Vertrauen in die Zukunft hat und in ihre Fähigkeit, diese zu bewältigen. Ein Messie befürchtet, für die Zukunft nicht genügend vorbereitet zu sein. Ich sammele Dinge – so viele Dinge –, weil ich Angst habe, die Zukunft werde mir etwas, das ich benötige, vorenthalten. Ich hebe so viele Aufsätze und Artikel auf, um mich mit Kenntnissen zu wappnen, damit ich für den Ansturm der auf mich zukommenden Probleme gerüstet bin.

Kompetente Durchschnittshausfrauen sehen der Zukunft gelassen entgegen. Selbstbewußt trennen sie sich von Büchern und Zeitschriften, Kleidern, Töpfen und Pfannen.

„Seht die Vögel unter dem Himmel an: Sie säen nicht, sie ernten nicht, sie sammeln nicht in die Scheunen; und euer himmlischer Vater ernährt sie doch. Seid ihr nicht viel mehr als sie? ... Darum sorgt nicht für morgen“ (Matthäus 6, 26, 34).

Herr, schenke mir die Zuversicht, daß du auch in der Zukunft für mich sorgst, damit ich ihr nicht meine Gegenwart opfern muß.

Persönliche Gedanken

Würde

Es ist erschreckend zu sehen, wie leicht bei gewissen Menschen alle Würde verlorengeht. Doch wenn man darüber nachdenkt, ist das ganz normal, da sie diese Würde nur aufrechterhalten, indem sie ständig gegen sich selbst kämpfen.

Albert Camus

Prioritäten: Nicht alles beim alten lassen

Was ist mit den anderen, die mit mir zusammenleben und die unsere Haushaltsführung nicht ändern wollen? Sie wollen weiterhin im Chaos leben. Oder sie möchten vielmehr lieber alles beim alten lassen, als ihren eigenen Lebensstil zu ändern. Manchmal setzen gerade die, die sich am meisten über die Unordnung beklagen, meinen Änderungsbemühungen den größten Widerstand entgegen.

Das ist keineswegs überraschend. Wie lange habe ich selbst Widerstand geleistet? Warum sollte ich erwarten, daß nur, weil für mich jetzt der Zeitpunkt der Änderung gekommen ist, auch sie genau zur gleichen Zeit zu einer Änderung bereit sind?

Mich selbst zu ändern ist ungeheuer schwer. Andere zu ändern ist unmöglich. Das heißt jedoch nicht, daß die Lage hoffnungslos ist. Meine eigene Würde erfordert, daß ich auf meinem Weg der Veränderung weitergehe. In dem Maße, wie sich im Haus Ordnung und Schönheit einstellen, wird auch der Widerstand meiner Lieben brechen.

Ich werde mich nicht von ihrem Widerstand und mangelnder Zusammenarbeit von meinem Weg abbringen lassen. Die Kraft der Veränderungen, die in mir stattfinden, wird sich, wenn ich geduldig und beharrlich bin, so auswirken, wie ich es mir jetzt noch gar nicht vorstellen kann.

Himmlischer Vater, bewirke in mir den festen Entschluß, zu tun, was ich tun muß, um mein Leben vom Chaos zur Ordnung zu verwandeln. Aber hilf mir, freundlich und liebevoll vorzugehen, wenn ich mit anderen zu tun habe, die meine Ziele nicht teilen oder respektieren.

Konzentration: Auf das „Heute" kommt es an

Lange Zeit habe ich nicht verstanden, weshalb es so wichtig ist, sich immer nur auf den heutigen Tag zu konzentrieren. Irgendwie schien mir das ein negativer Ansatz zu sein, der mich von gestern und morgen abschnitt.

Vielleicht setzte ich dieser Vorstellung deshalb so viel Widerstand entgegen, weil sie für mich so wichtig ist. Ich neige dazu, mich an die Vergangenheit zu klammern. Die Vergangenheit ist heilig. Dort liegt vieles von dem, was meine Persönlichkeit ausmacht. Ich neige auch dazu, in die Zukunft zu denken und vorauszuplanen. Es fällt mir sehr schwer, mich auf das „Heute" zu konzentrieren.

Doch ist es nicht mehr als augenfällig, welches Chaos meine unkonzentrierte Lebensweise verursacht? Während ich mich an der Vergangenheit und all ihrem Drum und Dran festklammere und eifrig Dinge ansammele, um meine Zukunft zu sichern, verderbe ich mir die Gegenwart. Im Prinzip geht es mir also sehr gut. Die Realität des täglichen Lebens ist jedoch unerträglich.

Wenn ich mich auf die Gegenwart, auf den heutigen Tag, konzentriere, dann lebe ich ganz und gar in der einzigen Zeit, die mir zur Verfügung steht: *jetzt*. Das bedeutet, daß ich Dinge aus der Vergangenheit opfern muß, wenn sie meine heutige Lebensqualität einschränken. Das heißt, daß ich nicht das ganze Zeug horten darf, das ich oder jemand anders einmal brauchen könnte, wenn es mein jetziges Leben in ein Chaos verwandelt. Das „hier und heute" ist alles, was ich habe. Die Vergangenheit ist vorbei, so gut oder schlecht sie gewesen sein mag. Die Zukunft tritt vielleicht nie ein. Aber ich habe das *Heute* – diesen ganzen, wunderbaren, bedeutungsvollen Tag.

Großer Gott der Gegenwart, hilf mir, in der wunderbaren Gegenwart zu leben, wirklich zu leben. Bewahre mich davor, mir Bestätigung aus der Vergangenheit zu holen oder zu hoffen, daß die Zukunft besser wird. Hilf mir, diesen heutigen Tag positiv zu gestalten.

Schönheit: Die ersten Anzeichen wahrnehmen

Bis heute war mein Haus ganz einfach etwas Praktisches, in erster Linie ein Ort, an dem ich Dinge aufbewahrte, die ich brauchte oder haben wollte – oder das zumindest glaubte. Ich habe mein Haus zu einem Lager gemacht, einem Museum, einer Bibliothek, einem Büro, zu allem, außer einem Ort der Schönheit und Behaglichkeit.

Jetzt beginne ich Anzeichen von Schönheit in meinem Haus zu entdecken. Wenn ich diese kleinen Anfänge sehe, habe ich die Hoffnung, daß ich auf diesem Wege weitermachen kann, daß ich meine pragmatische Ader beiseite lassen, diese sinnlosen und endlosen Sammlungen einschränken oder ganz aufgeben kann, die mir wie ein häßlicher Albatros am Hals hängen.

Diese ersten Anzeichen von Schönheit bestärken in mir die Hoffnung, daß mein Haus, *mein* Haus einmal eine Schönheit widerspiegeln wird, die die Sehnsucht meiner Seele nach Schönheit stillt und alle, die es betreten, willkommen heißt.

Herr, breche die Ketten des Pragmatismus dort, wo sie zum Hindernis für Schönheit werden.

Persönliche Gedanken

Zuversicht: Neue Einsichten helfen weiter

Die Veränderung, die sich bei mir vollzieht, ist ein Weg von der Unschuld zum Bewußtsein, von der Unordnung zur Harmonie, von der Ohnmacht zur Kontrolle. Ich möchte erst die Kontrolle über mich selbst und dann über mein Leben gewinnen. Wie Ebbe und Flut kommen und gehen Kontrolle und Kraft in meinem Leben. Es ist viel leichter, die Zeiten zu sehen, in denen alles schief läuft, in denen Ebbe herrscht. Wir sehen die Niederlagen hier und dort und glauben, das wird immer so bleiben. Doch unser Sieg liegt nicht darin, daß wir niemals scheitern, sondern daß wir stetig vorwärts gehen, Schritt für Schritt. Es ist in gewisser Weise eine Art Pilgerfahrt, die ich unternehmen darf.

Ich wachse innerlich in diesem Kampf um Veränderung. Aus meiner Verzweiflung erwachsen nicht nur mögliche Erfolgserlebnisse, sondern ich gewinne auch innere Einsicht.

Herr, halte mich an deiner Hand und lenke du meinen Blick auf dem Weg, den ich eingeschlagen habe. Rüste mich aus mit Kraft, weil der Weg oft so unwegsam wird.

Persönliche Gedanken

Geduld: Sich selbst im rechten Licht sehen

Ich möchte zur inneren Reife gelangen. Ich habe es anders versucht, und das war entmutigend und hat nicht funktioniert.

Heute will ich angemessen auf eine Situation reagieren. Ich möchte nicht in extreme Lethargie verfallen, noch mich in übermäßige Aktivitäten stürzen. Ich werde mich um Ausgewogenheit in meinem Denken und Fühlen bemühen, damit ich kluge Entscheidungen treffe, die nicht von meinen unvernünftigen Bedürfnissen diktiert sind.

Ich werde versuchen, mich selbst im rechten Licht zu sehen, ein angemessenes Selbstbild und Achtung vor mir selbst zu entwikkeln. Ich werde auch andere respektieren, mit denen ich wegen des Haushalts oder in anderen Bereichen zu tun habe.

Kurz, ich will versuchen, zur rechten Zeit das Richtige zu tun.

Herr, du hast eine ausgewogene und harmonische Welt geschaffen. Sorge dafür, daß auch ich das rechte Maß finde.

Persönliche Gedanken

Würde: Sich das Leben selbst erleichtern

Einer der Gründe, weshalb ich weiterhin in Unordnung und Chaos lebe, liegt darin, daß ich bereit bin, dauerhaft mit mehr Streß zu leben, als die meisten anderen Menschen sich zumuten würden. Manchmal bin ich sogar stolz darauf, wieviel Verwirrung und Schmerz ich ertragen kann. Zuweilen wirkt eine Krisensituation sogar anregend auf mich. Aber meistens ist dieser Lebensstil sehr ermüdend und zehrt an meiner Lebensfreude.

Bin ich bereit, so zu leben, weil ich mir selbst nicht wichtig genug bin? Von jetzt an will ich mir selbst Gutes tun, indem ich versuche, Ordnung in mein Leben zu bringen.

So werde ich zum Beispiel meine Schlüssel und meine Geldbörse immer an die gleiche Stelle legen, wenn ich nach Hause komme. Ich lasse mein Make-up und meine Nagelfeile in meiner Make-up-Tasche. Ich werde einen Autoschlüssel in der Brieftasche aufbewahren, damit ich einen Ersatzschlüsel habe, wenn der andere wieder im Auto liegt. Ich werde mich einmal umsehen, ob ich nicht noch mehr tun kann, um mir das Leben zu erleichtern.

Herr, hilf mir, daß ich mich selbst nicht mehr so schlecht behandele. Schenk mir ein Gefühl der Würde und Selbstachtung, damit ich mich nicht mehr selbst mit diesem destruktiven Lebensstil quäle.

Persönliche Gedanken

Vision: Das wahre Ich ausgraben

Ich frage mich oft, in welchem Maße meine Unordnung mein wahres Ich verdeckt. Ich bin, so scheint es mir, mit der Vorstellung in diese Lage gekommen, daß ich meine Persönlichkeit vollkommen entfalten würde. Aber irgendwie ist das Ganze schrecklich schief gelaufen. Am Ende war es so, daß die Unordnung meine Persönlichkeit verdeckte.

Ich glaubte, ich könnte frei vom Zwang zur Ordnung mein Leben gestalten. Jetzt merke ich, daß ich in den Fesseln der Unordnung lebe. Ich dachte, daß ich mir selbst etwas Gutes tun würde, wenn ich all dieses Zeug aufhebe und es in Sichtweite lagere. Jetzt merke ich, daß ich mich selbst einer grundlegenden Lebensqualität beraubt habe. Mein eigenes Haus ist mir feindlich gesinnt. Ich dachte, ich würde alles aufheben, damit ich es im Bedarfsfall zur Hand hätte. Wenn ich jetzt etwas benötige, kann ich es nicht finden, obwohl ich weiß, daß es hier irgendwo sein muß.

Es ist an der Zeit, daß ich begreife, wie die Dinge wirklich liegen. Diese Situation habe ich so nicht gewollt, aber ich habe sie doch so verursacht. Jetzt stellt sich die Frage, was ich tun kann, um alles wieder rückgängig zu machen.

Gütiger Vater, ich habe geglaubt, auf dem rechten Weg zu sein. Jetzt merke ich, daß es der falsche war. Führe du mich auf den rechten Weg. Setze meine Füße auf den Weg der Würde, Ordnung und Schönheit, damit man mein wahres Selbst erkennen kann. Ich werde von diesem chaotischen Lebensstil überwältigt.

Vision

Vielleicht begreift man, was getan werden muß, lange Zeit, bevor ein klarer Weg vor einem liegt. Aber wehe dem, der diesem Wunschbild mißtraut.

Jenkin Lloyd Jones

Prioritäten: Sich selbst wiederfinden

Jill ist Grundschullehrerin. Sie verbringt jeden Nachmittag und Abend damit, die Arbeiten ihrer Schüler zu korrigieren. Sie hat keine Zeit, ihren Haushalt in Ordnung zu halten oder Essen zu kochen. Ihr Mann, Bob, lebt das Leben eines Junggesellen, außer im Sommer, wenn seine Frau Ferien hat. Sie ist zu beschäftigt, um während des Schuljahres mit ihm irgendwo hinzugehen; sie hat noch nicht einmal Zeit für einen Spaziergang. Er kocht für sich selbst. Sie haben keine Kinder. Bob erklärt geduldig, daß Jill gar nichts anderes übrigbleibt. „Sie ist Lehrerin", sagt er. „Da kann man nichts machen."

Dieses Jahr möchte Bob über Weihnachten heim nach Kalifornien fahren. Es ist einsam, sagt er, in den Ferien ohne die Familie zu sein. Aber Jill möchte in den Ferien zu Hause bleiben und Großputz machen.

Was hat das mit Unordnung und Chaos zu tun? Jill ist aus dem gleichen Grund wie viele andere ein Messie. Sie hat sich selbst zur Maschine gemacht, einer effektiven, produktiven, sogar hervorragenden Maschine. Da sie ihren Gefühlen entfremdet ist, sind ihr persönliche Beziehungen zu Menschen oder Traditionen nicht so wichtig. Bob ist zu bemitleiden. Aber Jill noch mehr. Bob hat zumindest sich selbst. Jill nicht. Aber sie ist eine sehr gute Lehrerin.

Herr, bewahre mich davor, in dem mechanischen Ablauf meines Lebens mich selbst, meine Gefühle, meine persönlichen Beziehungen und mein Bedürfnis nach Ordnung und Schönheit zu verlieren. Schenk mir das Leben in Fülle, das du mir verheißen hast. Ich möchte mich nicht mit einer bloßen Existenz zufriedengeben.

Konzentration: Frischer Wind in muffigen Räumen

Es ist sehr leicht, sich auf die Unordnung im Haus zu konzentrieren und nur daran zu denken. Sie ist das Problem. Sie ist der Feind. Auf sie muß ich mein Augenmerk richten. Wie entmutigend. Wie ermüdend ist diese Sicht der Dinge!

Wenn ich meinen Blick nur über die Unordnung erheben könnte, wäre ich überrascht. Draußen klopft die Ordnung an mein Fenster, pocht an die Tür und bittet um Einlaß. Sie zieht durch die Fensterritzen und rutscht den Kamin hinunter. Ordnung hat etwas Aggressives an sich – sie will mich, mein Haus, meine Sachen. Bis heute habe ich ihrem Drängen widerstanden.

Alles, was ich tun muß, ist, die Fenster zu öffnen, die Türen aufzureißen, und sie wird hereinströmen und die Unordnung vor sich hertreiben, bis alles frisch und rein ist. Wohin geht die Unordnung? Ich habe es noch nicht probiert. Aber ich werde es tun, und dann werde ich wissen, daß sie irgendwie irgendwohin geht.

Komm herein, Ordnung! Herzlich willkommen. Tu dir keinen Zwang an.

Herr, ich höre, wie die Ordnung um Einlaß bittet. Gib mir den Mut, mein Haus ihrem überschwenglichen Drängen zu öffnen.

Persönliche Gedanken

Schönheit: Wie man Probleme vermeidet

Es gibt zwei Möglichkeiten, Probleme zu lösen. Die eine ist, ein Problem in Angriff zu nehmen, wenn es auftaucht. Die andere ist, eine Atmosphäre zu schaffen, in der das Problem gar nicht erst entstehen kann. Die zweite Möglichkeit ist wohl bei weitem die beste. Einfach gesagt: Töte nicht die Alligatoren. Trockne den Sumpf aus.

Ich frage mich, ob mein Kampf gegen die Unordnung nicht zum größten Teil daran liegt, daß ich versuche, die einzelnen Probleme anzugehen, während sich hinter meinen Rücken immer mehr zusammenbrauen, die sich schneller vermehren, als ich sie lösen kann.

Wie kann ich den Sumpf austrocknen, in dem meine Unordnung sich immer mehr ausbreitet? Mein Sumpf hat viele Brutstätten. Da ist mein Wunsch, alles perfekt zu machen, meine extreme Sparsamkeit, wenn es um den Haushalt geht, mein Bedürfnis, zu viele andere Dinge zu tun. Und da ist noch vieles mehr. Mein Sumpf ist sehr groß. Wird es mir je gelingen, ihn ganz auszutrocknen? Wenn ich mit Entschlossenheit ans Werk gehe – ja! Ohne solche Entschlossenheit muß ich mich mein Leben lang darauf beschränken, die Alligatoren zu töten.

Herr, lenke meinen Blick weg von den Alligatoren und hilf mir, den Sumpf zu sehen, in dem sie gedeihen.

Persönliche Gedanken

Zuversicht: Die Verantwortung selbst übernehmen

Innere Reife ist die Einsicht, daß ich selbst Verantwortung für mein Leben übernehmen muß. Ich selbst habe die Kontrolle über mein Leben. Meine Hand liegt um den Tonklumpen, und das, was da vor meinen Augen entsteht, ist mein eigenes Werk.

Ich selbst habe mich in dieses Chaos hineinmanövriert; nun liegt es an mir, einen Zustand der Ordnung herzustellen. Für diese Veränderung steht mir ein ganzes Waffenarsenal zur Verfügung. Ich werde nicht den Kopf verlieren und in jede Richtung gleichzeitig laufen. Mit Bedacht und Maß werde ich diese Waffen nacheinander einsetzen, und so langsam, aber sicher das Chaos zurückdrängen, das mein Feind ist.

Dabei darf ich jedoch nicht vergessen, daß dieses Chaos eigentlich gar nicht mein Feind ist. Es ist mein eigenes Werk, das ich als Ausdruck meines Lebensgefühls einmal geschaffen habe.

Entscheidend ist: Ich selbst bin dafür verantwortlich, wie sich mein Leben entwickelt, ob es geordnet wird oder im Chaos versinkt. Das steht ganz allein in meiner Macht.

Herr, bewahre mich vor Entmutigung, wenn ich meine Verantwortung erkenne, oder vor Hochmut, wenn ich meine Macht begreife. Schenk mir eine gesunde, innere Reife, damit ich das tun kann, was nötig ist.

Persönliche Gedanken

Geduld: Leiden wir an einer Krankheit?

Wer mit Alkoholismus zu tun hat, kann sich mit dem Gedanken trösten, daß der Alkoholiker an einer Krankheit leidet, von der er geheilt werden muß.

Wie steht es mit unserer Unordnung? Ist sie eine Krankheit? Auf jeden Fall ist da etwas in meinem Leben, das mir unangenehm ist und mein Lebensgefühl beträchtlich einschränkt. Wenn ich diesen Zustand für eine Krankheit halte, hilft mir das, meine Schuldgefühle abzulegen, die mich nur entmutigen.

Wie dem auch sei, meine Heilung schreitet voran, wenn ich ehrlich bin mit mir selbst, wenn ich meine Eigenarten und Gedanken verstehe und wenn ich entschlossen die Schritte unternehme, die zu einem Leben der Ordnung und Schönheit führen, das meiner Würde entspricht.

Herr, schenk mir die Einsicht, meine Situation klar zu erkennen, und den Mut und die Ehrlichkeit, diesen Zustand zu ändern.

Persönliche Gedanken

Würde: Das innere Gleichgewicht finden

Der Zustand meines Haushalts darf nicht die Quelle meines Kummers oder meiner Freude sein. Wenn ich nur dann glücklich bin, wenn mein Haus geordnet ist – dann bin ich immer noch versklavt. Meine Freude und mein innerer Friede müssen aus dem inneren Gleichgewicht meiner Seele kommen.

Wir dürfen nicht erwarten, daß wir immer alles im Griff haben. Zu meiner Organisationsschwäche kommen zuweilen noch andere Widrigkeiten und Veränderungen der Lebensumstände, wie zum Beispiel ein Umzug, der Unordnung und Durcheinander mit sich bringt. Selbst die Ferien bringen mich aus dem Konzept.

Wenn ich jedoch mein inneres Gleichgewicht bewahre, wird sich auch der Zustand meines Haushalts wieder normalisieren. Wenn ich an den Grundsätzen und an der Vorgehensweise festhalte, die mir in der Vergangenheit gute Dienste geleistet haben, kann ich auch davon ausgehen, daß sie sich in der Zukunft bewähren.

Herr, hilf mir, an meinem Programm festzuhalten, selbst, wenn es momentan scheinbar nicht funktioniert.

Persönliche Gedanken

Vision: Lernen, auf steinigem Weg zu gehen

Ein ungeordnetes und chaotisches Leben zu führen ist grausam. Die angenehme Lebensart, nach der mich so verlangt, ist dahin. An ihre Stelle sind unzählige Schockerlebnisse und Streßsituationen getreten, die mein Chaos und meine Vergeßlichkeit verursachen.

Ich stelle mir das Leben anderer Menschen vor wie einen Spaziergang in einem gepflegten Garten, mit schattigen Wegen und herrlichen Ausblicken. Mein desorganisiertes Leben ist ein steiniger Weg in einer rauhen Einöde. Nur jemand, der es selbst durchgemacht hat, weiß, wovon ich spreche.

König David betet: „Herr, weise mir deinen Weg und leite mich auf ebener Bahn“ (Psalm 27, 11). Das sind Worte der Hoffnung. Wir können lernen. Wir brauchen nicht immer im Kreis zu laufen. Was für ein Traum – wir stolpern nicht mehr unbeholfen durch die Gegend, sondern laufen mit Würde und Anmut auf einem ebenen Weg.

Herr, befreie mich von diesen Hochs und Tiefs, von unnötigen Kämpfen, die ich selbst verursache. Leite mich durch deinen guten Geist auf ebener Bahn.

Persönliche Gedanken

Prioritäten

Trachtet zuerst nach dem Reich Gottes und nach seiner Gerechtigkeit, so wird euch das alles zufallen.

Matthäus 6, 33

Prioritäten: Die eigenen Grenzen wahrnehmen

Das Leben ist zu kurz, um alle Romane zu lesen, die ich gerne lesen würde, all den Hobbys nachzugehen, die ich gerne pflegen möchte, allen Vergnügungen nachzujagen, die ich gerne erleben würde, oder alles zu lernen, was mich interessiert.

Der Wunsch, alles zu haben, was ich für gut halte, wird mich meiner Lebensqualität berauben, wenn ich ihm nicht Grenzen setze. Ein Blumenbeet im Garten muß ausgedünnt werden, damit jede Blume zu ihrer vollen Größe heranwachsen kann. Wenn zu viele Blumen zusammengedrängt stehen, nehmen sie sich gegenseitig ihren Lebensraum weg.

Mein Leben ist nur ein Kapitel in Gottes Geschichtsbuch. Ich muß die Grenzen meines Anteils an dieser Geschichte erkennen und mein Leben innerhalb dieser Grenzen optimal gestalten.

Das Wort des Tages heißt *Prioritäten.* Welche wenigen Dinge sind wichtig? Die will ich wirklich gut machen.

„Herr, lehre mich doch, daß es ein Ende mit mir haben muß und mein Leben ein Ziel hat und ich davon muß“ (Psalm 39, 5).

„Wer ... den Willen Gottes tut, der bleibt in Ewigkeit“ (1. Johannes 2, 17).

Herr, hilf mir zu entscheiden, welche wenigen Blumen ich am liebsten mag und laß mich sie hegen und pflegen.

Persönliche Gedanken

Konzentration: Jeden Tag für sich nehmen

„Jeden Tag für sich nehmen“ – das ist ein zentraler Gedanke für alle, die in den Zwölf-Schritte-Gruppen engagiert sind, wie zum Beispiel die Anonymen Alkoholiker.

Was bedeutet er für mich? Er bedeutet, daß ich nicht auf den Berg von Arbeit starre, der noch vor mir liegt, und die Millionen von Entscheidungen, die ich noch treffen muß. Statt dessen will ich mich auf diesen einen Tag konzentrieren und auf das, was heute ansteht. Darauf will ich mein Augenmerk gerichtet halten.

Nur für heute will ich die Schubladen wieder schließen, nachdem ich sie geöffnet habe. Nur für heute werde ich an meinem Haushaltsprojekt arbeiten. Und ich werde eine Aufgabe beenden, bevor ich eine neue anfange. Nur für heute werde ich mich nicht durch meine Situation entmutigen lassen. Nur für heute will ich mich mit Respekt behandeln. Ich werde es zulassen und erwarten, daß andere etwas für mich tun, so wie ich auch etwas für sie tue.

Nur für heute.

Herr, nur für heute will ich mich jeweils nur auf eine Sache konzentrieren. Hilf mir dabei.

Persönliche Gedanken

Schönheit: Die Voraussetzung für Veränderung

Es ist richtig, daß erst dann entscheidende Veränderungen in meinem Haushalt eintreten, wenn ich mich selbst ändere. Aber trotzdem darf ich nicht warten, bis ich mich in eine vollkommen geordnete Persönlichkeit verwandelt habe, bevor ich Veränderungen in meinem Haus in die Wege leite. Es ist eher so, daß ich die Problemzonen klarer erkenne, während ich darangehe, meinen Haushalt umzustrukturieren.

Während ich versuche, mich von Dingen zu trennen, werde ich mir meiner Unsicherheit bewußt. Während ich versuche, meine vielfältigen Aktivitäten außer Haus und auch daheim einzuschränken, merke ich, wie sehr ich mich selbst über mein Tun statt über mein Sein definiert habe. Während ich Dinge in Mappen oder Schachteln oder Schubladen verstaue, spüre ich meine Angst, daß ich mich vielleicht nicht mehr erinnern kann, wo sie sind oder daß es sie überhaupt gegeben hat. Während ich einige meiner geliebten kreativen Tätigkeiten einschränke, habe ich das Gefühl, daß ich ein Stück sterbe – daß ich ein wenig sterbe, damit andere Bereiche in meinem Leben stärker zur Entfaltung gelangen.

Wenn ich Veränderungen in meinem Haus vornehme, werde ich notgedrungen mit mir selbst konfrontiert. Dann kann ich auch den Haushalt besser in den Griff bekommen. Die Veränderung ist wie eine aufwärts verlaufende Spirale, die auf einen gesunden, geordneten Lebensstil zuläuft.

Es wäre leicht, die Theorie der Veränderung zu verstehen, ohne sich tatsächlich zu ändern. Es wäre auch leicht zu versuchen, den Zustand des Hauses zu verändern, ohne die tiefer liegenden Probleme anzugehen. Keiner dieser Ansätze funktioniert gut oder über lange Zeit für sich allein. Hilf mir, beides zu tun, so gut ich kann.

Zuversicht: Der Konflikt tobt in mir

Ich bin, um Lincoln zu zitieren, „mitten in einem großen Bügerkrieg". Dieser Krieg tobt in meinem Herzen und in meinem Kopf.

Wie kommt es, daß ein Mensch mit so hohen Idealen wie ich in seinem eigenen Heim auf einem so niedrigen Niveau lebt? Wie kommt es, daß ich, der ich künstlerisch so begabt bin und so Schönes schaffen kann, in meinem Haus so viel Häßlichkeit produziere? Wie kommt es, daß ich in so vielen wichtigen Bereichen meines Lebens intelligent und erfolgreich bin, aber so machtlos wie ein Kind, wenn es darum geht, ganz einfach mein Umfeld zu organisieren? Ich bin ein origineller und wunderbarer Mensch. Aber mein Haus, von dem ich hoffte, daß es ein Spiegelbild meiner selbst sein würde, ist langweilig und unansehnlich. Ich, die ich gerne Menschen um mich habe, bin gezwungen, mich von ihnen zurückzuziehen, weil ich mich schäme, wenn Gäste kommen. Ich fürchte mich davor, Leute näher kennenzulernen, weil ich Angst habe, daß sie die Wahrheit über mich herausfinden.

Es ist der Konflikt zwischen meinen Werten und meinem Verhalten, der den Schmerz der Schuldgefühle, Gewissensbisse, Scham und Niedergeschlagenheit hervorruft, der so sehr mit meinem Problem verbunden ist. Die einzige Möglichkeit, Frieden in mein Leben zu bringen, besteht darin, mein Verhalten und meine Ideale irgendwie zusammenzubringen. Das erscheint mir manchmal unmöglich. Aber mit Gottes Hilfe und der Unterstützung von Menschen, die mich verstehen, finde ich den Mut, zu überlegen, ob ich mich wirklich mit meinen Idealen identifizieren kann, und dann mein Verhalten zu ändern, um ihnen zu entsprechen.

Gott des Friedens, mach ein Ende mit diesem schmerzlichen Konflikt und schenke mir Sieg in dem Kampf, der in meinem Inneren tobt.

Geduld: Die Gefahr, alles zu verlieren

Wenn ich versuche, zu viele Punkte aus dem Programm der Anonymen Messies auf einmal umzusetzen, könnte ich alles auf einmal verlieren. Da ich jemand bin, der gerne alles übertreibt, werde ich vielleicht ungeduldig und versuche, zu viel zu tun, zu lernen, zu verändern.

Aber wenn ich mir die Grundsätze und praktischen Vorschläge allmählich aneigne, und sie einen nach dem anderen in Angriff nehme, werde ich überrascht sein, wieviel ich zuwege bringe.

Wenn ich jedoch ein zu rasches Tempo einschlage, werde ich abgelenkt und verwirrt. Während ich die Grundsätze anwende, wird mein häusliches Chaos sich langsam, aber sicher lichten. Dabei darf ich nicht vergessen:

Meter um Meter ist es zu viel,
zentimeterweise kommt man zum Ziel.

Herr, bewahre mich davor, daß ich die Veränderungen allzuschnell herbeiführen will. Ich möchte meine Aussichten auf Erfolg nicht verderben, indem ich mich selbst bei der Organisation meines Lebens überfordere.

Persönliche Gedanken

Würde: Verbrechen ohne Opfer?

Eine Frau erklärte einer Bekannten, daß ein chaotischer Lebensstil nur dann ein Problem sei, wenn andere von uns abhängig seien und durch unsere Desorganisation Schaden nehmen. Wenn wir unsere Kinder nicht mit zwei passenden Socken zur Schule schicken oder ihre Hausaufgaben regelmäßig in irgendeinem Papierstapel verschwinden, *dann* sei unsere Lebensweise ein Problem. Aber wenn ich der einzige bin, der mit dieser Unordnung leben muß, so meinte sie, dann sei sie ein „Verbrechen ohne Opfer".

Wie kurzsichtig ist das gedacht! Sie sah sich selbst nicht als Opfer ihres chaotischen Lebensstils. Wenn ich in einer solchen Unordnung lebe, bin ich das größte Opfer meiner eigenen Desorganisation. Wenn ich allein lebe, betrifft dieser Zustand nur mich selbst. Aber selbst, wenn ich nicht mit anderen zusammenlebe, ist mein Chaos ein schwerwiegendes Problem, denn *mein* Leben, *mein* Umfeld, *mein* Zeitplan, *mein* Seelenfrieden, *mein* Wunsch nach Schönheit sind doch wichtig. Die Aussage dieser Frau zeigt, daß sie ihre eigenen Probleme für nicht so wichtig hielt.

Wenn die chaotische Lebensweise ein „Verbrechen" ist, und ich so desorganisiert bin, dann bin ich auch ein echtes „Opfer". Und ich bin es auch wert, daß ich meine Lebensweise ändere.

Herr, hilf mir zu erkennen, daß ich selbst eine Veränderung wert bin.

Persönliche Gedanken

Vision: Träume können wahr werden

Versuchen Sie nicht, alles zu verstehen. Manches ergibt nie einen Sinn. Scheuen Sie sich nicht, Ihre Gefühle zu zeigen. Wenn Sie glücklich sind, seien Sie glücklich! Wenn nicht, stehen Sie auch dazu. Fürchten Sie sich nicht davor, Ihre Lebensumstände zu verbessern. Sie werden von dem Ergebnis überrascht sein. Sie brauchen auch nicht die Last der ganzen Welt auf der Schulter zu tragen. Fühlen Sie sich nicht durch die Zukunft bedroht. Nehmen Sie jeden einzelnen Tag für sich. Fühlen Sie sich nicht schuldig wegen irgendwelcher Versäumnisse in der Vergangenheit. Was geschehen ist, ist geschehen. Lernen Sie aus den Fehlern, die Sie gemacht haben.

Haben Sie nie das Gefühl, Sie seien allein. Da ist immer jemand, an den Sie sich wenden können. Vergessen Sie nie, daß Sie so viele Ihrer Träume wirklich umsetzen können. Stellen Sie sich das einmal vor! Es ist nicht so schwer, wie Sie meinen.

Höre nie auf zu lieben.
Höre nie auf zu glauben.
Höre nie auf, deine Träume zu träumen!

Lieber Herr, ich bin dankbar, daß das Leben bei weitem nicht nur aus meinen Problemen besteht. Es gibt Lösungsmöglichkeiten und große Freude! Danke für die Möglichkeiten, meine Probleme in den Griff zu bekommen.

Persönliche Gedanken

Konzentration

Laßt uns ablegen alles, was uns beschwert, und die Sünde, die uns ständig umstrickt, und laßt uns laufen mit Geduld in dem Kampf, der uns bestimmt ist.

Hebräer 12, 1

Prioritäten: Mit der Vergangenheit aufräumen

Die Anzeige warb für kleine Messingfiguren mit dem Argument, der Leser könne sich mit ihnen „die Schönheit und Anmut" früherer Zeiten ins Haus holen.

Mir kam der Gedanke, daß diese Werbung genau meine Einstellung zum Aufbewahren von Dingen traf. Ich hebe viele Dinge auf, weil sie mich an die „Anmut und Schönheit" früherer Zeiten meines Lebens erinnern. Diese angeschlagene Schüssel war ein Hochzeitsgeschenk. Mit diesem Spielzeug hat einmal mein Kind gespielt. Dieses Souvenir stammt aus einem Urlaub. Jenes war das Geschenk eines lieben Menschen.

Und so geht das weiter. Jedes Ding ruft in mir eine besondere Erinnerung wach – oder zumindest war das einmal so. So wie die Dinge heute mein Haus anfüllen, verursachen sie bloß Unordnung und Chaos. Zwar erinnere ich mich gerne an die Zeiten, aus denen die Sachen stammen, aber sie stehen meiner gegenwärtigen Lebensqualität im Wege. Und das macht am Ende auch die schönen Erinnerungen zunichte.

Herr, bewahre mich davor, daß ich mein gegenwärtiges Leben als so armselig empfinde, daß ich es nötig habe, immerzu die glorreichere Vergangenheit heraufzubeschören.

Persönliche Gedanken

Konzentration: Gebe jetzt dein Bestes

„Jeder Tag für sich." Dieser Wahlspruch paßt eigentlich für alle, die irgendwelche Veränderungen in ihrem Leben vornehmen. Während ich an diesen Veränderungen arbeite, darf ich meinen Blick nicht auf die vergangenen Fehler und Schäden richten, die meine Desorganisation mir und anderen zugefügt hat. Ich darf auch nicht angstvoll in die Zukunft blicken oder meine Zeit mit Plänen vertun, die sich meiner Kontrolle entziehen, weil sie zu weit in der Zukunft liegen.

Mir fällt es ganz einfach schwer, mich ganz auf eine Sache zu konzentrieren, meinen Gedanken und meiner Aufmerksamkeit Grenzen zu setzen. Was für eine Erleichterung ist es, daß ich das Gestern, Heute und Morgen nicht auf einmal zu tragen habe. Ich brauche nur das Heute zu tragen – diesen einen Tag. Ich brauche noch nicht einmal den ganzen Tag im Blick zu haben. Ich brauche mich nur auf diese eine Stunde, nein, auf diese Minute zu konzentrieren.

Wenn ich mich auf diese Minute konzentriere und jetzt mein Bestes gebe, werden die Veränderungen, die ich mir wünsche, nicht ausbleiben.

Herr, ich danke dir, daß du das Leben in kleinere Zeiteinheiten eingeteilt hast. Laß mich im Heute bleiben und hier meine Arbeit tun, ohne auf gestern oder morgen zu schielen.

Persönliche Gedanken

Schönheit: Die Ordnung muß von innen kommen

Es ist richtig, daß die Ordnung von innen kommen muß. Doch ich darf mich nicht nur auf meine innere Verwandlung beschränken, ich muß auch darauf bedacht sein, Ordnung in mein tägliches Leben einzuführen. Schönheit erwächst aus beidem – der Veränderung in mir selbst und meines Umfeldes.

Ich werde mein Haus mit kritischem Blick mustern. Ohne in Panik zu geraten oder mich entmutigen zu lassen, werde ich mir klare Ziele setzen. Ich werde mir einen durchführbaren Plan machen und mich daran halten. Ich werde mich nicht nur auf das absolut *Notwendige* konzentrieren, sondern mein Augenmerk auch darauf richten, was ich tun möchte, um Schönheit und Klarheit in meine neue Ordnung zu bringen. Ich werde mir in bestimmten Abständen eine Belohnung gönnen. Ich werde meinen Plan konsequent durchführen.

Mit anderen Worten, ich möchte die äußerlichen Veränderungen Hand in Hand mit meiner inneren Veränderung durchführen, und so innerlich und äußerlich Ordnung schaffen. Wenn ich das tue, werde ich ein ausgewogenes und harmonisches Leben führen.

Herr, du siehst mein Herz, aber die anderen sehen nur mein Haus. Schenk mir Harmonie in beiden, damit ich innerlich und äußerlich zu Frieden, Schönheit und Ordnung gelange.

Zuversicht: Den rettenden Weg nicht verstellen

Man liest eine solche Geschichte nicht oft, sie ist aber auch nicht ungewöhnlich. Die Überschrift in der Zeitung lautet: „Feuer wütet im Chaos – ein Todesopfer“. Der Artikel erzählt die Geschichte einer Frau, die als „Packratte“ bezeichnet wird. Sie hatte so viel Ramsch angesammelt, daß sie sich nur durch enge Gänge von einem Zimmer ins andere bewegen konnte. Das Feuer machte aus ihren Papierstapeln, Bergen von Kleidungsstücken und anderen persönlichen Habseligkeiten einen fast eineinhalb Meter hohen Schutthaufen. Hätte sie keine so vollgestopfte Wohnung gehabt, wäre sie nach Ansicht der Polizei vielleicht am Leben geblieben.

Nur wenige von uns leben in einer so extremen Situation. Wir werden wohl kaum wie diese Frau zugrundegehen. Aber jeder unkontrollierte Ramschhaufen tötet uns ein klein wenig. Wir sterben ein wenig an dieser kleinen Demütigung. Wir sterben ein wenig, weil wir wieder etwas Wertvolles nicht finden können. Der Tod schlägt nicht auf einmal zu. Langsam schwinden unsere Selbstachtung und unsere Hoffnung dahin. Doch dann gibt es keine Schlagzeile in der Zeitung.

Herr, bewahre mich vor diesem schleichenden Tod, vor dieser zunehmenden Erstarrung gegenüber den Möglichkeiten des Lebens, die du für mich bereithältst.

Persönliche Gedanken

Geduld: Weniger ist mehr

Es ist möglich, daß ich in meiner Sehnsucht nach einem Leben in Ordnung und Harmonie in das andere Extrem verfalle. Ich werde so perfektionistisch, daß ich trotz meiner Fortschritte den Mut verliere.

Vielleicht setze ich mir Ziele, die zu hoch gesteckt sind für mich, für meine Familie und meinen Haushalt. Je mehr mir der Mut sinkt, desto mehr gerät auch mein Haushaltsprogramm ins Stocken.

Manchmal ist ein realistisches „weniger" besser als ein unrealistisches „mehr". Ich muß mich vielleicht auch einmal mit weniger zufriedengeben, wenn ich auf diese Weise eher mein Ziel erreiche, nämlich Ordnung und Harmonie in meinem Haushalt und in meinem Leben.

Herr, hilf mir, die neurotischen Zwänge abzulegen und mich in meinen Aktionen um mehr Ausgewogenheit zu bemühen.

Persönliche Gedanken

Würde: Ausgewogenheit ist möglich

Ein geordnetes und schön anzusehendes Haus ist nicht wegen seiner Ordnung wichtig. Vielmehr trägt es zu einem guten und ganzheitlichen Leben bei. Meine Gedanken fließen klarer und freier; meine Lust am Leben, an der Kunst und der Liebe ist reiner und kontrollierter, und ich kann mich vernünftiger und unabgelenkter um andere kümmern, wenn mein Haushalt geordnet ist und meine Aktionen ausgewogen sind.

Ein ausgewogenes Leben – mit einem geordneten Haushalt, kreativen Projekten und lohnenden menschlichen Beziehungen – ist nicht gleich ein zerbrechliches Leben. Doch es kann leicht aus den Fugen geraten. Ich bin für die Aufrechterhaltung der Ordnung und Ausgewogenheit in meinem Leben verantwortlich. Unordnung und Würde schließen einander aus.

Ein Leben in Würde will geordnet sein. Die Ordnung wiederum trägt zu einem Leben in Würde bei. Am Ende weiß man nicht, was als erstes da war. Das spielt auch keine Rolle, wenn die Ergebnisse so befriedigend sind.

Herr, ich sehne mich nach Harmonie. Stelle mir immer wieder vor Augen, welches Leben für mich möglich ist.

Persönliche Gedanken

Vision: Die Beweggründe herausfinden

Ich frage mich, warum ich die Unordnung in meinem Leben in den Griff bekommen will. Ich glaube, daß diese Motivation zu verschiedenen Zeiten in unserem Leben unterschiedlich ist.

Junge Erwachsene wollen ihr Umfeld vielleicht verändern, weil „es sich so gehört". Sie haben das Gefühl, als Erwachsene sollten sie alles im Griff haben. Natürlich glauben auch viele, daß Ordnung überflüssig ist, weil sie mit dem Chaos so gut umgehen können. Sie wissen noch nicht, welchen Preis sie zahlen müssen.

Leute mittleren Alters haben eher praktische Gründe, ihr Leben geordneter zu gestalten. Ihr Leben ist angefüllt mit verantwortlichen Aufgaben, denen sie gerecht werden müssen. Bei älteren Leuten vermute ich, daß viele einfach nur Frieden haben wollen. Die Unordnung erschlägt sie. Sie möchten sich selbst etwas Gutes tun, wenn sie ihr Leben ordnen.

Was sind meine Beweggründe? Vielleicht eine Kombination von alledem? Aber tut das etwas zur Sache? Eigentlich ist es doch egal, *warum* wir uns ein geordnetes Leben wünschen. Entscheidend ist, daß wir es wollen, und daß wir, wenn wir Fortschritte sehen, merken, daß unser Leben annehmbarer, erfüllter und angenehmer wird.

Herr, manchmal kenne ich mich selbst, meine Beweggründe und meine Wünsche nicht. Sie sind verworren, wie auch sonst mein Leben. Wenn es wichtig ist, daß ich mich besser verstehe, schenk mir diese Einsicht.

Schönheit

Weiter, liebe Brüder: Was wahrhaftig ist, was ehrbar, was gerecht, was rein, was liebenswert, was einen guten Ruf hat, sei es eine Tugend, sei es ein Lob – darauf seid bedacht!

Philipper 4, 8

Prioritäten: Was man sät, wird man ernten

Schon die Bibel schreibt, daß man kein frisches Wasser aus einem Brunnen holen kann, in den Salzwasser eingedrungen ist. Heute sagen uns Computerfachleute, daß ein Computer keine exakten Informationen liefern kann, wenn die Fakten nicht zuvor genau eingegeben wurden. Kurz gesagt: „Was man eingibt, kommt auch heraus."

So verhält es sich auch mit der Ordnung in unserem Haushalt und in unserem Leben. Wir können in unserem Haus keine Ordnung schaffen, wenn unser Geist sich in einem Zustand der Verwirrung und Unruhe befindet. Als Messie bin ich die letzte, die erkennt, wie chaotisch und unzusammenhängend meine Denkstrukturen sind, weil sie mir selbst so natürlich erscheinen.

Um diese Denkstrukturen zu durchbrechen, werde ich anfangen, an jeweils einem Bereich zu arbeiten. Heute will ich mich nur auf eine Sache auf einmal konzentrieren und diese zu Ende führen, bevor ich die nächste anfange. Dann wird aus dem Brunnen eines so konzentrierten Lebensstils auch ein geordneter Haushalt hervorgehen.

Herr, ich lasse mich so leicht ablenken. Hilf mir, mich auf jeweils eine Sache zu konzentrieren, damit mein Leben ins rechte Lot kommt.

Persönliche Gedanken

Konzentration: Die Hilfe muß von außen kommen

Es ist für mich wichtig zu begreifen, daß Gott in der Lage ist, denen beizustehen, die ihn darum bitten. Der zweite Schritt der Anonymen Alkoholiker drückt das sehr treffend aus: „Wir kamen zu dem Glauben, daß eine Macht, größer als wir selbst, uns unsere geistige Gesundheit wiedergeben kann."

Wenn ich Hilfe finden will, muß sie von Gott kommen. Ich kenne nicht meine tiefsten Bedürfnisse, noch ihre Ursachen. Meine Bemühungen um einen geordneten Haushalt, so wichtig sie sind, sind nur die Spitze des Eisbergs. Gott sieht den verborgenen Teil des Eisbergs, in dem die wahren Antworten liegen.

Gott kann mir meine geistige Gesundheit wiedergeben, wenn ich das nur zulasse. Gott kann mir helfen, meine Aufmerksamkeit und Energie auf meine Probleme und deren Lösung zu richten, so daß ich eins nach dem anderen angehe und mich jeweils auf die Aufgabe dieses einen Tages konzentriere. Ich brauche nicht perfekt zu sein; ich selbst brauche nicht meine Gesundung herbeizuführen. Alles, was ich tun muß, ist, meinen Blick auf die Macht zu richten, die größer ist als ich selbst, und die mich heil machen kann.

Herr, du bist, auf geheimnisvolle Weise, die Quelle von Ordnung und Schönheit in meinem Leben. Du bist die Kraft zur Veränderung, wenn ich schwach bin, meine Antriebskraft, wenn ich den Mut verliere, der Anfang und das Ziel von allem.

Schönheit: Sehen, wie alles gut wird

Für jemand, der darin nicht geübt ist, ist es nicht leicht, Schönheit zu schaffen. Wenn das Haus unordentlich und chaotisch ist, habe ich vielleicht sporadische Versuche unternommen, um ein gewisses Maß an Schönheit in meinem Haus einzuführen. Doch die Ergebnisse waren immer nur von kurzer Dauer, da ich bald merkte, daß es unmöglich ist, inmitten von Chaos eine angenehme Atmosphäre zu schaffen.

Mit der Ordnung wird auch Schönheit möglich. Aber ich weiß gar nicht, wie man ein schönes Zuhause gestalten soll. Ich kenne kaum meinen eigenen Geschmack in Farbe und Stil, weil ich diesem Teil meiner Persönlichkeit so entfremdet war.

Deshalb muß ich jetzt viele Überlegungen anstellen, in Büchern blättern, mit Leuten reden, die etwas von der Sache verstehen, Einkäufe tätigen und Dinge wieder zurückgeben. Langsam, aber sicher beginnt sich meine eigene Vorstellung von Schönheit Bahn zu brechen.

Wie Gott nach der Schöpfung sehe ich, daß alles gut ist.

Herr, wecke doch meine schlummernden Vorstellungen von dem, was ich schön finde. Laß mich erfahren, wie befriedigend es ist, meine eigene Schönheit zu schaffen.

Persönliche Gedanken

Zuversicht: Messies sind nicht faul

„Menschen, die in einem solchen Chaos leben, sind ganz einfach faul!“ meinen die Leute oft. Wenn sie nur wüßten, wie sehr ich mich nach Ordnung sehne, und welch großen Einsatz ich dafür leisten würde, wenn ich nur wüßte, wie.

Es ist also nicht *Faulheit*. Menschen, die im Chaos leben, stehen ganz einfach *machtlos* davor. Ja, ich fühle mich nicht in der Lage, meinen Haushalt in den Griff zu bekommen, meine Einstellung zu Besitz, die Gewohnheiten meiner Familie.

Es ist dieses Unvermögen, das uns so Angst macht, das so entmutigend ist. Und das Ironische ist, daß ich mich selbst oft als faul bezeichne, wo ich tatsächlich machtlos bin. Und das werfe ich mir dann vor.

Ich brauche keine Schuldgefühle. Ich brauche die Zuversicht, daß es für mich möglich ist, mein Leben in den Griff zu bekommen, wenn ich an der richtigen Stelle nach Hilfe suche.

Herr, tröste mich in meinem Unvermögen. Doch mehr noch, Herr, hilf mir, mein Leben in den Griff zu bekommen.

Persönliche Gedanken

Geduld: Was zuviel ist, ist zuviel

Es ist doch merkwürdig, wie sehr ich dazu neige, mir immer zuviel aufzuhalsen. Vielleicht ist die Versuchung, sich in zu viele Aktivitäten zu stürzen, noch größer als die Versuchung, zu viele Dinge zu horten.

Sicher aber ist sie destruktiver. Zu viel Ramsch im Haus verschandelt das Haus und vermindert meine Lebensqualität. Meine Aktivitäten wirken sich *direkt* auf meinen Körper und meine Seele, auf mich persönlich aus.

Ich merke, daß ich, wenn ich zu sehr beansprucht bin, mich in anderen Bereichen unangemessen verhalte, um das Defizit auszugleichen. Ich denke mehr ans Essen und kaufe irgendwelche Sachen, um einen Ausgleich für mein gestreßtes Leben zu schaffen. Diese Kompensationen funktionieren jedoch nicht.

Wie kann ich Abhilfe schaffen? Indem ich meine Aktivitäten einschränke, so schwer mir das auch fällt. Kurse, Versammlungen, Einkaufsbummel, kirchliche und karitative Engagements, Fernsehen oder was immer dieses „zu viel“ ist. Nur so werden meine Ausgeglichenheit, mein gesunder Menschenverstand und vor allem meine innere Zufriedenheit wieder hergestellt.

Herr, wenn der grelle Glanz und die Hektik meiner Aktivitäten mich blenden und schwächen, führe mich zu einem kühlen, grünen Ort der Stille, an dem ich wieder alles im rechten Licht sehe und Kraft schöpfe.

Würde: Endlich frei!

„Ich bin endlich frei, endlich frei. Gott sei gepriesen, ich bin endlich frei.“ Die Stimme der Frau war ganz heiser, so bewegt war sie, als sie von ihrem Ausstieg aus dem Chaos berichtete, der ein Jahr gedauert hatte. „Es ist so gut“, sagte sie aus tiefstem Herzen, „endlich frei zu sein.“

Ich muß mich selbst daran erinnern, daß auch ich diese Freiheit erlangen kann. Ich möchte ein Leben leben, das frei ist von diesem ganzen Plunder. Wie viele würden das gerne von sich sagen!

Sicher die Frau, deren Mann sie verlassen hat. Sie haben sich vor kurzem versöhnt, aber er konnte nicht wieder in das Haus einziehen, weil es mit allem möglichen Plunder so vollgestopft war, daß für ihn kein Platz mehr blieb. Sicher die Frau, die gemeinsam mit ihrem Mann drei Häuser besaß. Sie konnten die Häuser jedoch nicht verkaufen, weil sie als Lagerraum für ihre zahlreichen Sammlungen genutzt wurden.

Sie alle sind interessante Frauen mit Würde – aber Frauen, die gebunden sind und sich danach sehnen, „endlich frei zu sein“. Und das können sie auch – wie wir alle.

Herr, was für ein Wort, Freiheit! Ich sehne mich so danach, gib, daß ich mich mit nichts Geringerem zufriedengebe.

Persönliche Gedanken

Vision: Was macht mich kaputt?

Ich baute gerade eine Sandburg am Strand, als der kleine Junge kam und mir „helfen“ wollte. Seine kleinen Hände rissen die Türmchen ein und zerstörten die Mauern. Ich begann, eine Figur aus Sand zu formen, damit er sich damit beschäftigen könnte und meine Burg in Ruhe lassen würde. Ich entschloß mich, eine Schildkröte aus Sand für ihn zu bauen. Wir arbeiteten zusammen. Es machte ihm Spaß, Sand auf die Figur zu häufen, aber er erkannte nicht, daß es eine Schildkröte sein sollte, so wie er nicht bemerkte, daß ich eine Burg baute. Er machte bloß einen Sandhaufen und zerstörte die Form der Schildkröte mit jeder Handvoll Sand, die er ungeschickt darauf drückte. Schließlich stapfte er durch meine Burg und machte sie kaputt – ohne jedoch zu begreifen, was er da tat.

Gott, der mein Leben gestaltet, beurteilt meine schwachen Versuche vielleicht ebenso. Er schafft etwas Wunderbares und Bedeutungsvolles, während ich oft einfach irgend etwas mache. Ist auch meine Unordnung zum Teil schuld daran, daß ich seinen Entwurf für mein Leben zunichte mache, schuld an meiner sinnlosen Geschäftigkeit, meiner Zerstörung von so viel Gutem? – Wenn ich es nur begreifen würde!

O Gott, öffne meine Augen für den wunderbaren Plan, den du für mein Leben erdacht hast. Hilf mir, daß ich endlich aufhöre, dein Bauwerk niederzureißen. Gib mir einen Blick für die Schönheit und die Würde, die in meinem Leben möglich ist.

Zuversicht

Seid getrost und unverzagt, fürchtet euch nicht, und laßt euch nicht vor ihnen grauen; denn der Herr, dein Gott, wird selber mit dir ziehen und wird die Hand nicht abtun und dich nicht verlassen.

5. Mose 13, 6

Prioritäten: Wie gehe ich mit anderen um?

Es wird Zeiten geben, in denen meine Familie gegen mich zu arbeiten scheint. Ich will nicht vergessen, daß sie, wie ich, ihre eigene Probleme haben. Sie sind desorganisiert und unkooperativ, weil sie mit ihren eigenen Problemen nicht fertig werden.

Ich werde mich selbst mit Achtung behandeln und nicht zulassen, daß sie die Ordnung zerstören, die mir so wichtig ist. Ich werde auch sie mit Achtung behandeln. Ich will versuchen, ruhig und freundlich mit ihnen zu reden, und das auch so zu meinen. Ich werde für eine freundliche Atmosphäre sorgen. Ich will geduldig mit ihren Fehlern umgehen. In dem Maße, wie sich meine eigenen Denkstrukturen und Handlungen normalisieren, wird sich das auch auf meine Umwelt auswirken.

Nur Ordnung zu schaffen reicht nicht. Ich kann einen geordneten Haushalt haben und doch kein gutes Leben führen, wenn ich auf andere zornig bin oder sie verletze.

Herr, rufe mir immer wieder in Erinnerung, daß mein höchstes Ziel ein gutes und sinnvolles Leben ist, nicht ein ordentlicher Haushalt.

Persönliche Gedanken

Konzentration: Den Widerspruch auflösen

Ein Grund, warum es mir so schwerfällt, einen Ausweg aus dem häuslichen Chaos und Durcheinander zu sehen, liegt darin, daß die ganze Situation so widersprüchlich ist.

Auf der einen Seite bin ich ein Perfektionist, doch mein Haushalt ist genau das Gegenteil. Manchmal glaube ich, daß ich faul bin, doch dann wieder habe ich das Gefühl, daß ich viel schwerer arbeite als andere Menschen. Ich nehme meine Familie ernst und will das Beste für sie. Doch das häusliche Chaos schränkt ihre Lebensqualität beträchtlich ein.

Die Antwort ist folgende: Ich strebe von einem Tag auf den anderen vorwärts. Dieser Teil meines Lebens ist für mich und andere sichtbar. Doch zu der Zeit, wo ich mich selbst vorwärts bewege, mache ich gleichzeitig Rückschritte bei mir selbst und meinem Haushalt. Das alles geschieht im Verborgenen, weil es eine Frage der inneren Einstellungen und Entscheidungen ist, die mir und anderen nicht bewußt sind.

„Die Weisheit der Frauen baut ihr Haus; aber ihre Torheit reißt's nieder mit eigenen Händen" (Sprüche 14, 1).

Persönliche Gedanken

Schönheit: Das Gute liegt oft verborgen

Das Biltmore Hotel in Coral Gables, Florida, ist ein wunderschönes und historisches Gebäude, das im maurischen Stil errichtet wurde. Erst vor kurzem wurde es restauriert und sieht nun atemberaubend aus mit seinen blauen, sternenverzierten, gewölbten Decken, den Säulen und Böden aus Marmor, den Felsenteichen, maurischen Skulpturen und unglaublich eindrucksvollen Kronleuchtern.

Davor hatte das Gebäude schwere Zeiten erlebt und war im Zweiten Weltkrieg in ein Hospital umgewandelt worden. Die niedrigere Decke wurde eingezogen. Die Marmorböden bekamen einen Belag aus Linoleum, und an den Marmorsäulen hatte man Trennwände für Büros befestigt. Die Schönheit wurde von den notwendigen Einrichtungen einer Klinik überdeckt. Jahre vergingen.

Stellen Sie sich die Freude und Überraschung vor, als man die niedrige Decke und das Linoleum entfernte! Unter diesen Verkleidungen war die Schönheit erhalten geblieben.

Wie das Biltmore Hotel liegt auch in meinem Haus verborgene Schönheit unter all der Unordnung und dem Plunder. Wenn ich die jedoch beseitige, welch ein wunderbarer Anblick wird sich mir wohl bieten? Ich kann es kaum abwarten!

Herr, laß mich gespannt sein auf die Schönheit, die sich möglicherweise in meinem Haus verbirgt.

Persönliche Gedanken

Zuversicht: Keine Angst, alles zu verlieren

Nur einer, der es selbst erlebt hat, versteht die Verlustangst, die manche von uns befällt, wenn wir daran denken, uns von einigen Habseligkeiten zu trennen.

Viele glauben, daß nur Leute, die die Weltwirtschaftskrise miterlebt haben, auch später alles horten und hamstern. Ich war zu jener Zeit noch nicht mal geboren, doch ich verhalte mich genauso.

Oft setzt dieses „Hamstersyndrom" ein, wenn Menschen einen entscheidenden Verlust erlitten haben. Der Schock dieses Verlustes löst irgendwie die latente Furcht aus, nun könne man alles verlieren. Also versuchen sie zu verhindern, daß irgendein Gegenstand ihr Haus verläßt.

Auf diese Weise entsteht Chaos. Und das ist der größte Verlust. Das Wort für den Tag heißt *Zuversicht*, mit der wir dieser Verlustangst begegnen wollen.

„Niemand lebt davon, daß er viele Güter hat" (Lukas 12, 15).

Herr, warum fürchte ich einen zukünftigen Verlust so sehr, daß ich, um mich dagegen zu wappnen, bereit bin, meine jetzige Lebensfreude zu opfern?

Persönliche Gedanken

Geduld: Die Veränderung muß von mir ausgehen

Es ist leicht und bequem, die Schuld an dem chaotischen Zustand unseres Haushalts auf andere Menschen oder Dinge zu schieben. Und in der Regel liegt genügend Wahrheit darin, um diesen Ansatz zu rechtfertigen. Andere sind tatsächlich oft entscheidende Mitverursacher unseres häuslichen Chaos.

Doch irgendwie habe ich das Gefühl, daß ich trotzdem derjenige sein muß, der eine Veränderung in die Wege leitet. In dem Maße, wie ich im Einklang mit meinen Prioritäten lebe, geschehen merkwürdige und wunderbare Dinge. Wenn ich meine Energie verschwende, indem ich mich auf andere und ihre Fehler konzentriere, scheint gar nichts zu passieren. Andere zu gängeln bewirkt oft nur Ärger und Feindseligkeit.

Ich will mich auf mich selbst konzentrieren, während ich meine Ziele im Auge behalte, im Einklang mit meinen Prioritäten lebe, mich um einen ausgewogenen Lebensstil bemühe und nach innerem Frieden strebe. In dieser Wärme meiner inneren Ausgeglichenheit wird das furchtbare Chaos um mich herum dahinschmelzen.

Herr, meine Seele verzehrt sich nach einem harmonischen Leben. Ich glaube, daß nur du mir dieses Leben schenken kannst. Bewahre mich davor, es bei anderen zu suchen.

Persönliche Gedanken

Würde: Zuversicht macht frei

Ein entscheidendes Merkmal, das die kompetente Durchschnittshausfrau von der extrem chaotischen oder extrem ordentlichen unterscheidet, ist, daß sie ein grundlegendes Vertrauen in die Zukunft zu haben scheint.

Diese optimistische Sicht bewahrt sie davor, irgendwelchen wertlosen Plunder aufzubewahren, den sie vielleicht irgendwann einmal brauchen könnte. Ihre positive Einstellung macht es beispielsweise möglich, Zeitschriften zu lesen und sie danach wegzuwerfen, weil sie sicher ist, daß es immer wieder gleichermaßen interessante Magazine zu kaufen gibt.

Eine so zuversichtliche Einstellung verschafft mir eine große Freiheit. Das Gefühl dagegen, daß die Zukunft mir irgendwie feindselig gesinnt sein wird, treibt mich dazu, mich hinter meinen Besitztümern zu verschanzen. Eine zuversichtliche Haltung macht mich offen für Gutes.

„Kraft und Würde sind ihr Gewand, und sie lacht des kommenden Tages“ (Sprüche 31, 25).

Herr, gib mir diese Zuversicht, damit ich mich nicht an all dieses Strand- und Treibgut des Lebens klammern muß, um vertrauensvoll in die Zukunft zu blicken.

Persönliche Gedanken

Vision: Mein Chaos eröffnet Möglichkeiten

Es ist doch komisch, wieviel inneren Widerstand ich bei mir entdecke, wenn ich der zwanghaften Unordnung entkommen will. Wenn ich weiß, daß ich ein Messie bin, habe ich wenigstens eine Identität. Wenn ich kein Messie wäre, wer wäre ich dann?

Der unordentliche Lebensstil liefert mir einen Vorwand, nicht wie ein verantwortlicher Erwachsener zu handeln. „Das kann ich nicht machen, weil ich so chaotisch bin", sage ich mir selbst. Meine Unordnung ist auch der Aufhänger für mein Unglücklichsein. Ich brauche mich nicht mit den Unzulänglichkeiten auseinanderzusetzen, die durch meinen chaotischen Lebensstil verschleiert werden. Wenn ich nicht unordentlich wäre, wäre ich vielleicht trotzdem unglücklich. Dann müßte ich mich der Aufgabe stellen, mich in anderen Lebensbereichen zu verändern.

Meine Unordnung gibt auch anderen, die mein Problem kennen, eine Möglichkeit, zu mir in Beziehung zu treten. Sie kritisieren mich und machen mich herunter. Sie versuchen, mir zu helfen. Vielleicht mögen sie mich nur, weil ich hilfsbedürftig bin. Würden sie sich auch dann noch mit mir abgeben, wenn ich nicht mehr so chaotisch wäre? Mein chaotischer Lebensstil macht mich zu etwas Besonderem. Ich bin ein bißchen unkonventionell, exzentrisch, irgendwie anders als die anderen. Wenn ich so wäre wie die anderen, wäre ich vielleicht langweilig. Das Chaos ist ein Zustand, gegen den ich einen täglichen Kampf führe, so daß ich immer gespannt sein kann, ob ich diesen Kampf gewinne oder verliere. Wenn ich nicht so chaotisch wäre, womit würde ich meine Gedanken füllen?

Der Ausstieg aus dem Chaos wäre vielleicht der leichtere Weg.

O Herr, ich dachte, es gehe nur darum, die Unordnung im Haus zu beseitigen. Jetzt fürchte ich, daß auch in meinem Inneren ein ziemliches Durcheinander herrscht, das ich lichten muß. Ich brauche deine Hilfe. Sehr sogar.

Geduld

Sei stille dem Herrn und warte auf ihn. ... entrüste dich nicht, damit du nicht Unrecht tust.

Psalm 37, 7.8

Prioritäten: Chaos – ein Geschenk?

Pinienwälder brauchen Feuer, wenn sie gedeihen sollen. Das Feuer vernichtet andere Bäume und verschafft den feuerbeständigen Pinien mehr Platz. Es verbreitet auch die Samen aus den Zapfen. Natürlich leiden auch die Pinien unter dem Brand, aber am Ende kommt er ihnen zugute.

Ich hätte niemals freiwillig die Hitze und den Schmerz gewählt, die ich durch das Problem mit meinem chaotischen Lebenstil aushalten muß. Vielleicht kann jedoch auch ich, wie der Pinienwald, letzten Endes von diesem Schmerz profitieren.

Das Chaos ist ein Symptom für weniger sichtbare Faktoren, die in meinem Leben am Werk sind. Ohne dieses Problem der Desorganisation, das meine Aufmerksamkeit verlangt, hätte ich vielleicht niemals versucht, meine Schwächen herauszufinden, meine Stärken zu erkennen oder meine Lebensziele klar zu definieren.

Vielleicht werde ich einmal durch meine Bemühungen erkennen, daß dieses Problem eine Gabe aus Gottes gütiger Hand ist.

Gott, hilf mir, aus meinem Schmerz zu lernen. Benutze das Feuer der Unordnung, das mich tagtäglich versengt, um die Fehlhaltungen auszumerzen, die es schüren. Und vor allem, laß mich in diesem Kampf gegen die Unordnung innerlich wachsen.

Persönliche Gedanken

Konzentration: Unbeständigkeit gehört zu Messies

Irgendwann stoße ich auf eines der Haupthindernisse in meinem Veränderungsprogramm – Unbeständigkeit. Es ist wichtig, daß ich mit dieser Unbeständigkeit rechne. Sie gehört zum Menschsein. Sie gehört besonders zum Menschsein eines desorganisierten Menschen.

Dieser Zustand wird auch zu meinem Veränderungsprogramm gehören. Es stimmt, daß ich vorwärts gehe. Aber ich mache auch Rückschritte. Es wird Hochs und Tiefs geben. Wenn ich nicht mit so wechselhaften Zeiten rechne, werde ich abgelenkt und entmutigt.

Wenn ein Tief kommt, ist es wichtig, daß ich einfach weitermache, daß ich an irgendeinem Teil meines Programms arbeite, bis es wieder aufwärts geht. Mit der Zeit, durch alle Hochs und Tiefs hindurch, wird sich auch die ersehnte Veränderung einstellen.

Herr, hilf mir, daß ich durch die Höhen und Tiefen der Veränderung unverdrossen vorwärts gehe.

Persönliche Gedanken

Schönheit: Die Blickrichtung ändern

Das Schwerste im Kampf gegen das Chaos ist vielleicht, daß er meine Aufmerksamkeit so sehr auf den Boden der Wirklichkeit richtet. Weil das Haus desorganisiert und verwirrend ist, wird ein großer Teil meiner Aufmerksamkeit dadurch beansprucht, daß ich mich Tag für Tag ein Stück weit hindurchkämpfe.

Ich fühle mich wie einer, der auf einer schlammigen Straße läuft und versucht, dabei einen wunderschönen Sonnenuntergang zu beobachten. Meine Augen schweifen über den Schlamm, auf der Suche nach ein paar trockenen Stellen. Ich muß die Furchen und Pfützen meiden. Dieses mühsame Vorwärtsgehen verstellt mir jeden Blick für Schönheit. Ich weiß, daß vor mir Sonne und Wolken leuchten und miteinander tanzen. Die Schönheit ist da, aber ich kann mich nicht an ihr erfreuen, weil ich meine ganze Aufmerksamkeit darauf richten muß, mich einigermaßen trockenen Fußes durch den Schlamm zu bewegen.

Und so geht die Schönheit dahin, während ich meinen Blick auf mein Chaos richte und mir verbissen einen Weg hindurch bahne. Die Schönheit sehe ich gar nicht.

Herr, dies ist mein Leben! Laß mich nicht nur im Schlamm waten!

Persönliche Gedanken

Zuversicht: Sehnsucht nach dem Feuer?

Zwei Bilder kehren in Gesprächen mit Messies und in ihren Briefen immer wieder. Das eine ist das Bild des Feuers, das andere das Bild des Ertrinkens. Messies haben den sehnlichen Wunsch, daß irgendeine Kraft von außen kommt und ihnen die schreckliche Bürde der Verantwortung für ihr Chaos wegnimmt. „Wenn nur ein Feuer ausbrechen und alles niederbrennen würde! Dann könnte ich noch einmal von vorne anfangen", denken sie. Die Messies klammern sich unbewußt so fest an den unerwünschten und dennoch geliebten Plunder, daß in ihrer Vorstellung schon ein Feuer kommen muß, um das Chaos zu lichten.

Das Bild vom Ertrinken wird manchmal durch eine Zeichnung veranschaulicht. Ein Messie ist von allen Seiten von seinem Ramsch umgeben. Manchmal ist er ganz und gar in ihm verschwunden, und nur ein Arm ragt hilflos aus dem Berg von Plunder. Es ist ähnlich dem Bild einer Übergewichtigen, die in Schokolade ertrinkt. Der sinkende Messie geht ein für allemal im Chaos unter.

Das Wort, das diese beiden Bilder beschreibt, lautet *Hilflosigkeit.* Messies fühlen sich ihrer Situation hilflos ausgeliefert.

Das erste, was ein Messie tun muß, ist, zu sich selbst zu finden. Wer bin ich? Habe ich eine Stimme? Habe ich ein Selbst? Bin ich eine wirkliche Person? Wenn Sie diese Fragen mit „ja" beantworten können, gibt es Hoffnung auf Veränderung.

O Gott, mache mich zu dem Menschen, der ich nach deiner Vorstellung sein soll. Du weißt, wer ich bin. Laß mich nun unter den Trümmern meines Daseins mich selbst suchen und finden.

Geduld: Den eigenen Bedürfnissen gerecht werden

Nichts verschafft mir so viel innere Gelassenheit wie die Vorstellung, für mich selbst zu sorgen und diese Vorstellung in die Tat umzusetzen. Früher dachte ich, ich würde mir selbst Gutes tun, wenn ich mich ohne Sinn und Verstand in Aktivitäten stürzte und Unmengen von Plunder ansammelte. Ich ahnte in meinem Inneren, daß ich mich um mich selbst kümmern sollte, aber ich ging die Sache ganz falsch an. Alles, was mir dieser Lebensstil einbrachte, war ein völlig zerrissener Zeitplan, ein übermüdeter Körper, ein Haus voller Plunder. Ich fragte mich, warum ich mit meinem Lebensstil so unzufrieden war.

Ein Teil meiner Unzufriedenheit rührte daher, daß ich versuchte, für andere zu handeln und Dinge aufzuheben, für den Fall, sie könnten einmal irgend etwas davon gebrauchen. Ich war so edelmütig. Ich würde für meine Mitmenschen sorgen, weil ich mehr wußte als sie.

Heute habe ich genügend Achtung vor anderen, um sie ihre eigenen Entscheidungen treffen zu lassen. Ich bin demütiger geworden. Heute versuche ich, meinen eigenen Bedürfnissen gerecht zu werden. Eine der schönsten Möglichkeiten, meinen eigenen Bedürfnissen gerecht zu werden, ist, einen geordneten Haushalt zu führen. Wenn ich auf solche Weise gelassen für mich sorge und meinen Bedürfnissen gerecht werde, bin ich auch in der Lage, anderen wirklich zu helfen, wenn sie mich darum bitten.

Gott, befreie mich von dieser hektischen Betriebsamkeit. Schenke mir innere Gelassenheit. Dann wird Ordnung in mein Leben einkehren, und ich werde eine gesunde Beziehung zu meinen Mitmenschen entwickeln.

Würde: Ein Plan hilft zu überleben

Meine eigene Unordnung zu überwinden ist sehr schwer. Wenn aber mein Mitbewohner ein Messie ist, der sich nicht ändern will, scheint diese Aufgabe schier unüberwindlich.

Ich muß mir verschiedene Dinge vor Augen halten, wenn ich vermeiden will, daß diese Situation meine Pläne zur Veränderung zunichte macht. Erstens: Dieser Mitmensch leidet vielleicht auch und versucht ernsthafter, seine Situation zu verändern, als es mir bewußt ist. Wenn ich bislang erfolgreicher war als er, sollte ich für diese Fortschritte dankbar sein.

Ich muß ihn in seiner eigenen Lebensführung respektieren. Ich darf ihm den Weg des Scheiterns oder der Genesung nicht vorenthalten.

Drittens: Ich darf mir selbst nicht die Ordnung und Harmonie vorenthalten, nach der ich mich sehne. Für die gemeinsamen Lebens- und Wohnbereiche muß ein Plan erstellt werden, damit mein eigener Weg zu einem gesunden Lebensstil nicht gefährdet wird.

Herr, es scheint so viel leichter zu sein, Dinge zu ordnen als Beziehungen. Aber beides ist schwer.

Persönliche Gedanken

Vision: Wie sehe ich meine Arbeit?

Ein Mann ging an einer Baustelle vorüber, auf der einige Arbeiter beschäftigt waren. „Was tun Sie da?“ fragte er den ersten Arbeiter. „Ich mauere Steine“, antwortete dieser und ärgerte sich, daß der andere das so Offensichtliche nicht sah und ihn mit dummen Fragen belästigte. Der Spaziergänger stellte dem zweiten Arbeiter dieselbe Frage, und dessen Antwort lautete: „Ich baue eine Mauer.“ Dann fragte er den dritten, und der sagte: „Ich errichte eine Kathedrale zur Ehre Gottes.“ Alle waren mit der gleichen Arbeit beschäftigt. Der Unterschied lag darin, wie sie ihre Arbeit bewerteten.

Ich kann mein Haus unter den gleichen Gesichtspunkten sehen. Ich kann denken: „Ich räume hier nur den Ramsch weg. Wie langweilig das ist.“ Oder ich kann mir sagen: „Ich schaffe ein angenehmes Umfeld, in dem ich und meine Familie sich positiv entwickeln können.“ Ich kann den Geschirrspüler zähneknirschend ein- und ausräumen und mißmutig meine Wäsche waschen und zusammenlegen. Oder ich sehe, daß ich die Voraussetzungen schaffe, damit ich und die, die mir am Herzen liegen, unser Leben in Würde führen können.

Meine Organisation besteht nicht darin, daß ich sinnlos Gegenstände von einem Ort zum anderen hin- und herbewege. Sie besteht darin, Leben, Lieben und Schönheit zu schaffen. Vielleicht bauen wir am Ende gar in unserem Haus eine Kathedrale zur Ehre Gottes.

Herr, erhebe meinen Blick über den alltäglichen Kleinkram auf dich und laß mich erkennen, daß meine Bemühungen eine viel weitreichendere Bedeutung haben als das, was ich unmittelbar vor Augen habe.

Würde

Kraft und Würde sind ihr Gewand, und sie lacht des kommenden Tages.

Sprüche 31, 25

Rückfälle. Warum passieren sie? Dafür gibt es wahrscheinlich verschiedene Gründe. Manchmal werde ich müde, weil mein Zeitplan zu gedrängt ist oder irgendwelche Notfälle eintreten. Manchmal schätze ich meine Möglichkeiten auch falsch ein.

Aber es gibt einen Rückfall, mit dem ich nicht so leicht umgehen kann. Das ist das zerstörerische, absolute Chaos, das aus einem verstörten Herzen entsteht. Wenn ich mich anklage und meine Selbstachtung zu schwinden beginnt, ist der Zustand meines Haushalts das erste Symptom dieser „Herzkrankheit". Wenn mich mein Leben deprimiert oder ich mir selbst leid tue, wird sich das auch sichtbar auf mein häusliches Umfeld auswirken. Andere trinken, stürzen sich in einen Kaufrausch, futtern den Kühlschrank leer, spielen oder was auch immer. Ich schaffe Chaos. Ich benutze die Unordnung, um mich zu beruhigen, mich abzulenken, mich zu bestrafen, mir zu bestätigen, daß ich es tatsächlich nicht wert bin, ein Leben in Frieden und Würde zu führen. Auf diese widersinnige Art will ich die Unordnung benutzen, um mein Problem zu lösen.

Aber das klappt nicht. Wenn ich die Unordnung so als Mittel zum Zweck einsetze, kratze ich mich, wo es überhaupt nicht juckt. Mein Problem wird erst gelöst, wenn ich mich mit dem Zustand meines Herzens beschäftige.

Großer Gott, manchmal glaube ich, daß es nicht in erster Linie um meine Ordnung im Haushalt, sondern um ein geistliches Problem geht. Was hat ein Haufen Plunder mit meinen tiefsten Sehnsüchten zu tun? Das ist mir nicht ganz klar, aber ich spüre, daß ein Zusammenhang zwischen meinem Herz und meinem Haus besteht. Herr meines Herzens, stille du meine Sehnsucht.

Konzentration: Mein Haus ist für mich da

Ich muß mir immer vor Augen halten, daß mein Haus und alles, was darin ist, für mich da sind. Nicht ich bin für das Haus und seine Einrichtungen da. Ich brauche nicht irgendwelche Dinge aufrechtzuerhalten, wenn sie mir nichts nützen. Das scheine ich manchmal zu vergessen.

Von jetzt an möchte ich daran denken, daß mein Haus dazu da ist, meinen Bedürfnissen gerecht zu werden. Wenn mir etwas im Haus Probleme bereitet, brauche ich diesen Zustand nicht länger aufrechterhalten.

Das fällt mir nicht leicht, weil dieser Papierstapel, diese unpraktische Stellung der Möbel, jene merkwürdige Art, Sachen zu lagern, ja ursprünglich meine eigenen Ideen waren. Ich habe diese Dinge so organisiert, weil ich es so für das Beste hielt; aber das war dann eben doch ein Irrtum. Wenn ich all das verändere, möchte ich dabei ein Ziel im Auge haben:

Was ist wirklich gut für mich?

Herr, was den Haushalt betrifft, richte mein Augenmerk auf meine eigenen Bedürfnisse. Irgendwie schlittere ich immer wieder in alte Denkmuster hinein. Hilf mir, die richtige Blickrichtung zu bewahren.

Persönliche Gedanken

Schönheit: Der Ursprung liegt in unserem Herzen

Es ist ein Segen, daß es gute Literatur über Haushaltsführung gibt. Ich bekomme viele neue Anregungen aus diesen Büchern und werde an viele wichtige Dinge erinnert, die ich schon weiß. Sie fordern mich heraus und helfen mir, mir neue Ziele zu stecken. Sie liefern mir Ideen, auf die ich selbst nicht gekommen wäre.

Wenn ich solche Bücher lese, muß ich mir jedoch sicher sein, daß ich bereit bin, diese Ideen in die Tat umzusetzen. Mein Geist muß ein guter Nährboden für die neue Saat sein. Furcht, Scham und Schuldgefühle müssen ausgerottet werden, damit die Saat der Ordnung, Schönheit und Harmonie wachsen kann.

Unordnung und Ordnung haben beide ihren Ursprung in unserem Herz.

Herr, befreie mich von der verborgenen Unordnung in meinem Herzen, damit Ordnung an ihre Stelle treten kann.

Persönliche Gedanken

Zuversicht: Gemeinsam ist man stärker

Eine der wirksamsten Hilfen für eine Veränderung meines Lebensstils ist eine Selbsthilfegruppe der Anonymen Messies. Wenn ich noch in keiner solchen Gruppe bin, will ich mir überlegen, ob ich mich mit anderen zusammentue, die ebenfalls daran arbeiten, ihr desorganisiertes Leben zu ordnen.

Eine glühende Kohle wird bald ausgehen, wenn sie von den anderen brennenden Kohlen getrennt ist. Wenn ich in einer Gruppe bin, während die kalten Winde der Entmutigung durch mein Leben blasen und meine Sehnsucht nach Veränderung abkühlen, kann ich mir von den anderen Gruppenmitgliedern neue Wärme holen. Wenn ich ganz allein bin, verliere ich leicht meine Motivation.

Vielleicht gibt es eine solche Gruppe in meiner Nähe. Wenn nicht, werde ich versuchen, noch einen oder zwei Leidensgenossen zu finden, die womöglich gerade auf eine solche Hilfe gewartet haben. Gemeinsam wollen wir uns nach der Motivation, Stärke und Erkenntnis ausstrecken, die wir bei der schwierigsten aller menschlichen Anstrengungen benötigen – der Verhaltensänderung.

„So ist's ja besser zu zweien als allein; denn sie haben guten Lohn für ihre Mühe. Fällt einer von ihnen, so hilft ihm sein Gesell auf. Weh dem, der allein ist, wenn er fällt! Dann ist kein anderer da, der ihm aufhilft" (Prediger 4, 9.10).

Persönliche Gedanken

Geduld: Hilfe von einer höheren Macht

„Die Frucht des Geistes ... besteht in ... Beständigkeit", sagt die Bibel (Galater 5, 22). Es ist daher nicht erstaunlich, daß ich immer mehr in diese Beständigkeit hineinwachse, wenn ich nach Gott frage und ihm nachfolge. Ich lerne Selbstbeherrschung in meinem Verhalten und der unmittelbaren Befriedigung meiner Bedürfnisse.

Eine Frau, die zwanghaft ordentlich war, fand auf diese Weise zu einem normalen Verhalten. Der zweite Schritt des Zwölf-Schritte-Programms der Anonymen Alkoholiker heißt: „Wir kamen zu dem Glauben, daß eine Macht, größer als wir selbst, uns unsere geistige Gesundheit wiedergeben kann." Ob jemand zwanghaft ordentlich oder, wie in meinem Fall, zwanghaft unordentlich ist – wenn wir bei der „Macht, größer als wir selbst" nach Hilfe suchen, werden wir, wie es die Bibel ausdrückt, Beständigkeit erlangen oder was die Anonymen Alkoholiker geistige Gesundheit nennen.

Herr, ich brauche Beständigkeit, geistige Gesundheit, oder wie immer man es nennen mag. Ich brauche Befreiung – dauerhafte Befreiung – aus der Unordnung, die mein Leben so beeinträchtigt.

Persönliche Gedanken

Würde: Die Möglichkeiten ausschöpfen

Für die Veränderungen, die ich in meinem Leben vornehmen möchte, stehen mir so viele Möglichkeiten der Unterstützung und Hilfe zur Verfügung. Ich habe Bücher und Kassetten, ich kann über meinen Zustand nachdenken. Und ich kann einer Selbsthilfegruppe beitreten oder selbst eine gründen, wenn ich das möchte. Die Grundsätze ihres Programms stehen mir zur Verfugung.

Warum schöpfe ich diese Möglichkeiten nicht immer voll und ganz aus? Liegt es daran, daß mir ein geordneter Lebensstil gar nicht wirklich so wichtig ist? Habe ich das Gefühl, daß ich das schöne und harmonische Leben, das ich auf diese Weise erlangen kann, eigentlich gar nicht verdiene? Habe ich Angst vor innerem Frieden und der Kontrolle über mein Leben, weil ich glaube, daß ein solches Leben langweilig wird oder mir zu viel Verantwortung aufbürdet? Vielleicht will ich mich durch diesen zerstörerischen Lebensstil gar selbst für irgendeine Schuld bestrafen.

Ich muß mein Haupt über den Nebel solcher Gedanken erheben und nach den Grundsätzen der Konzentration, Mäßigung, inneren Freiheit, Zuversicht und den anderen Prinzipien dieses Programms leben, um das Bewußtsein der Würde wiederzuerlangen, das mir überhaupt erst die Hoffnung auf eine mögliche Veränderung verliehen hat.

Herr, bewahre mich davor, mich selbst herunterzuziehen. Wenn ich mir nicht selbst helfe, wird es keiner für mich tun.

Persönliche Gedanken

Vision: Nörgeln bringt nicht zum Ziel

Ich kann nicht für einen anderen abnehmen. Das weiß ich. Ich kann nicht für einen anderen mit dem Trinken oder Rauchen aufhören. Das weiß ich. Ich kann nicht für einen anderen einen Drogenentzug machen. Warum glaube ich dann, daß ich jemand zu einem ordentlichen Menschen machen kann, wenn ich an ihm herumnörgele?

Für jemanden, der in seinem eigenen Leben eine Veränderung bewirkt hat, ist nichts schwerer zu ertragen, als zu sehen, wie andere ihren zerstörerischen Lebensstil weiterführen und anscheinend nicht an einer Veränderung interessiert sind. Die Versuchung ist groß, an ihnen herumzunörgeln und sie zu tyrannisieren. Doch das schafft nur eine ungute Stimmung. Harte Worte bewirken Unmut und Entmutigung. Sie zerstören unsere Achtung und Liebe vor dem anderen. Sie entwürdigen mich selbst. Hätte ich gewollt, daß jemand so mit mir umgeht, während ich mich verzweifelt mit meinem Haushalt abgemüht habe?

Was ich tun kann, ist, meine eigene Vorstellung von Veränderung im Blick zu behalten. Ich kann mich selbst und mein Leben Schritt für Schritt ändern. Vielleicht werden andere durch mein Vorbild angeregt, ebenfalls ihren Lebensstil zu ändern.

Herr, du kennst meine Versuchung, in meiner Enttäuschung schroffe Worte zu gebrauchen. Das führt jedoch zu noch mehr Enttäuschung. Schenk mir einen klaren Kopf, damit ich das nicht vergesse.

Persönliche Gedanken

Vision

Wenn keine Vision da ist, verwildert ein Volk.
Sprüche 29, 18

Prioritäten: Dranbleiben!

Ich werde die Hilfsmittel nutzen, die mir zu Verfügung stehen, um meine Denkstruktur zu ändern. Als Resultat wird sich dann auch mein Leben ändern.

Ich möchte zuhören, wenn jemand positive Anregungen gibt, hilfreiche Bücher lesen, meine Ziele schriftlich niederlegen und mich mit anderen treffen, die mit den gleichen Problemen zu kämpfen haben wie ich.

Wenn sich meine Lage verbessert, werde ich weiterhin auf diese Hilfen zurückgreifen, damit ich den veränderten Zustand aufrechterhalten kann. Wenn die Situation sich nicht bessert, will ich trotzdem mit ihnen arbeiten, bis sich die Dinge zum Besseren wenden.

Ich werde mich weder durch Ermutigung noch durch Entmutigung davon abhalten lassen, das Programm der Anonymen Messies durchzuführen. Wenn ich merke, daß ich davon abgekommen bin, werde ich meine Kraft nicht mit Schuldgefühlen vergeuden, sondern das Programm zur Veränderung meines Lebensstils wieder aufnehmen.

Herr, schenke mir inneren Abstand von meinen schwankenden Gefühlen. Schenk mir die Zuversicht, daß die Veränderung, nach der ich mich sehne, eintreten wird, wenn ich die Hilfsmittel nutze, die mir zur Veränderung meiner Situation zur Verfügung stehen.

Persönliche Gedanken

Konzentration: Die „kleinen Füchse“ erkennen

Der weiseste Mann, der je gelebt hat, gibt uns den Rat: „Fangt uns die Füchse, die kleinen Füchse, die die Weinberge verderben; denn unsere Weinberge haben Blüten bekommen“ (Hoheslied 2, 15).

Es sind die *kleinen* Füchse, auf die ich achthaben muß. Eine Unterbrechung hier, eine Ablenkung dort, ein unbedachtes Vorhaben, das mehr Zeit verschlingt, als ich veranschlagt hatte. Am Ende ist der Weinberg meines Zeitplans verwüstet.

Salomo ermutigt mich, die Füchse zu fangen, die die Weinstöcke kaputtmachen. Nur wenn ich einen Blick für diese kleinen Halunken bekomme, wer sie sind und wann sie kommen, kann ich überhaupt daran denken, sie einzufangen.

Heute will ich einmal achtgeben, welche kleinen Dinge meinen Zeitplan durcheinanderbringen. Wenn ich den Weinberg eines geordneten und erfüllten Lebens schätze, müssen diese Füchse gefangen werden.

Herr, hilf mir, die kleinen Füchse zu entdecken, die so reizend und verlockend sind. Hilf mir, sie als das zu erkennen, was sie sind, und entferne sie aus dem Weinberg meines Lebens.

Persönliche Gedanken

Schönheit: Heute schon gelebt?

Der amerikanische Schriftsteller Thoreau ist für seine Bemerkung berühmt, daß die meisten Menschen „ein Leben in stiller Verzweiflung führen". Da er solch einem Schicksal entgehen wollte, lebte er von 1845 bis 1847 mit nur dem Lebensnotwendigsten ausgestattet allein am Walden Pond bei Concord. Er wollte sich auf das konzentrieren, was im Leben wirklich wichtig ist. Er schrieb: „Ich ging in die Wälder, weil ich bewußt leben wollte ... und nicht, wenn ich einmal sterben sollte, entdecken müßte, daß ich nie gelebt hatte. Ich wollte nicht etwas leben, das gar kein Leben war, das Leben ist so kostbar ..."

In meiner Hast, Unordnung und, ja, Verzweiflung, die Zeit, die mir zur Verfügung steht, mit so viel Leben wie möglich vollzustopfen, könnte ich im Rückblick sehr wohl erkennen, daß ich das Leben gar nicht richtig gelebt habe. Ich habe Zeit und Dinge einfach nur für meine Zwecke benutzt. Jesus sagt, daß das Leben eines Menschen nicht in der Fülle der Güter besteht, die er besitzt. Wie Thoreau muß ich mich von solcher Zerstreuung zurückziehen und bewußt leben, damit ich wahrhaft lebe, bevor ich sterbe.

Herr, führe mich zu meinem Walden Pond, bis ich erkenne, wie man ein sinnvolles Leben lebt.

Persönliche Gedanken

Zuversicht: Die Angst muß besiegt werden

Niemand ahnt, wieviel Angst tief in meinem Inneren verborgen ist, wenn es an die Organisation meines Lebens geht. Manchmal merke ich es noch nicht einmal selbst, weil ich die Furcht unter einer Schicht von guten Argumenten verstecke.

Oft sage ich, daß ich zu beschäftigt bin, um irgend etwas zu organisieren, oder zu müde, um eine Arbeit in Angriff zu nehmen. Ich finde gute Gründe, warum ich dieses oder jenes für die Zukunft aufheben muß, damit ich es nicht hinauswerfen muß. In Wahrheit habe ich Angst, diese organisatorischen Aufgaben anzugehen, von denen viele eine Entscheidung erfordern. Ich habe Angst, daß ein Gegenstand dauerhaft verlorengeht, wenn ich ihn von seinem jetzigen Platz entferne. Ich habe Angst, daß ich gerade die Sache später benötigen werde, von der ich mich jetzt trenne. Ich habe Angst, daß ich nicht in der Lage bin, die Dinge richtig zu ordnen, und womöglich nur weitere Stapel anhäufe.

Organisationstechniken werden mir erst dann eine Hilfe sein, wenn ich keine Angst mehr habe, sie zu benutzen.

Herr, hilf mir, einen Weg zu finden durch diese Angst hindurch und dann aus ihr heraus, diese Angst, die mich wie eine unsichtbare Fessel von der Ordnung und Schönheit abhält, nach der ich mich so sehne.

Persönliche Gedanken

Geduld: Lernen, selbst Verantwortung zu übernehmen

Wenn ich unter der Unordnung und Verwirrung in meinem Leben leide, ist das vielleicht das Ergebnis meiner eigenen Denkstrukturen und Einstellungen. Dieser Gedanke ist sowohl tröstlich als auch beunruhigend. Die Denkstrukturen und inneren Einstellungen, die mich in diese mißliche Lage gebracht haben, sind nicht notwendigerweise schlecht. Nur funktionieren sie in meinem Fall nicht. Oder ich habe zwar gute Ideen, übertreibe sie aber so sehr, daß sie mir Probleme verursachen.

Ich will nicht länger meine Erziehung, meine momentanen Lebensumstände oder andere Menschen für meine Situation verantwortlich machen. Es gibt viele Menschen, die unter denselben oder schlimmeren Bedingungen ein geordnetes, harmonisches Leben führen. Ich will mich darauf konzentrieren, meine Denkstrukturen zu verändern in dem Bewußtsein, daß die Kraft zur Veränderung in meiner Hand liegt.

Herr, du hast die Verantwortung für mein Leben in meine Hände gelegt. Heute will ich diese Verantwortung ganz bewußt auf mich nehmen.

Persönliche Gedanken

Würde: Sich selbst etwas Gutes gönnen

Eines der wichtigsten Anliegen, die ich mir immer vor Augen halten muß, ist, daß ich dafür Verantwortung trage, gut für mich selbst zu sorgen. In der Vergangenheit habe ich versucht, für mich zu sorgen, indem ich einen Haufen Plunder gehortet habe, falls ich in Zukunft einmal irgend etwas davon brauchen würde. Ich habe alle möglichen Dinge im Haus herumliegen lassen, damit ich leichteren Zugang zu ihnen hätte, sollte ich sie einmal benötigen. Ich fand es auf eine seltsame Art beruhigend, diesen ganzen Ramsch um mich herum zu haben. Aber ich habe gemerkt, daß dieser Lebensstil mich eher enttäuschte und frustrierte, statt mir dienlich zu sein.

Jetzt, da ich das erkenne, will ich anfangen, mir selbst etwas Gutes zu tun, indem ich den alten Lebensstil ablege. Ich will gut zu mir selbst sein – wirklich gut zu mir selbst –, indem ich Ordnung und Klarheit um mich herum schaffe, und das wird mich dann wirklich aufbauen.

Herr, hilf mir zu erkennen, auf welche Weise es mir wirklich gut geht. Und erinnere mich immer wieder daran, daß ich wichtig genug bin, um das zu verdienen.

Persönliche Gedanken

Vision: Die Kapelle meiner Seele

Tief unten im O'Hara Flughafen in Chicago, einem der belebtesten Flughäfen der Welt, befindet sich eine Kapelle. Um dort zum Sonntagsgottesdienst zu gehen, muß man in das Untergeschoß fahren und langgestreckte graue Hallen durchqueren, bis endlich das beleuchtete Hinweisschild zur Kapelle erscheint. Es wäre direkt unheimlich dort unten, würde man nicht von einem Führer begleitet.

Oben ist das geschäftige Treiben eines internationalen Flughafens. Unten ist ein Ort der Anbetung und des Friedens, an dem man über Dinge nachdenkt, die weit über die Geschäftigkeit von Reisenden und Flughafenpersonal hinausgehen. Die Kapelle ist wie eine Höhle in einem Sturm.

In der Geschäftigkeit und dem hektischen Treiben des modernen Lebens tut das gut – auch wenn das nur verstehen kann, wer es selbst erfahren hat. Es ist wichtig, daß ich mir jeden Tag Zeit nehme, die Kapelle meiner eigenen Seele aufzusuchen. So gestärkt, kann ich wieder nach oben gehen zu meinem Beruf und anderen Aktivitäten, meiner Hausarbeit, meiner Fürsorge für andere. Ist die Situation danach anders? Ja, denn mein Leben hat im Verborgenen an Tiefe gewonnen.

Großer Gott, begegne mir in der Kapelle meiner Seele. Beleuchte mich mit deinem Glanz und laß dadurch meinen ganzen Tag erleuchtet sein.

Persönliche Gedanken

Die 12 Konzepte der Anonymen Messies

Die Anonymen Messies sind der Überzeugung, daß das eigentliche Problem beim Organisieren unseres Haushaltes nicht der Haushalt ist, sondern wir selbst. Es gibt etwas, was uns von unseren ordentlichen Nachbarn unterscheidet. Die Wohnung unserer Nachbarin ist genauso groß wie unsere, sie hat genauso viele Kinder, und vielleicht geht sie auch, so wie wir, noch einem zusätzlichen Beruf nach. Und doch hat sie ihren Haushalt im Griff und, was mehr ist: Sie kann sich gar nicht vorstellen, wieso jemand Probleme mit Chaos und Desorganisation haben könnte. Uns ist das nur zu klar. Sollten wir jemals in eine neue Wohnung ziehen und dabei nichts aus unserer jetzigen chaotischen Wohnung in die neue Wohnung mitnehmen, stünden die Chancen doch ziemlich hoch, daß es nach kurzer Zeit dort genauso aussehen wird wie jetzt hier. Der Grund dafür liegt in uns. Wenn wir uns berechtigte Hoffnungen auf einen geordneten Haushalt machen wollen, müssen wir uns mit uns selbst beschäftigen, mit unseren Denkmustern, unseren Gefühlen, unseren Charaktereigenschaften und unseren Gewohnheiten.

Und wir müssen solche Prinzipien in uns aufnehmen und umzusetzen beginnen, die langsam und stetig unser Leben verändern können.

Die Wichtigkeit solcher Grundsätze haben die Anonymen Alkoholiker und auch andere Anonyme Selbsthilfegruppen erkannt, wie z. B. EA (Emotions Anonymous), OA (Overeaters Anonymous) und viele andere mehr. Ihre Prinzipien kommen in den sogenannten „12 Schritten" zum Ausdruck, die von dem Begründer der AA, Bob Wilson, 1938 entwickelt worden sind, und die die anderen Gruppen auf ihr eigenes Problem bezogen und übernommen haben.

Die Anonymen Messies haben nicht als traditionelle 12 Schritte-Gruppe begonnen und sind es auch heute nicht. Aber wir folgen vielen der Prinzipien, die in den 12 Schritten zum Ausdruck kommen. Anderes haben wir aus eigener Erfahrung gewonnen. Die

Konzepte, die sich als für uns besonders wichtig erwiesen haben, sind die folgenden:

1. Einsicht:
Wir sind machtlos gegenüber unserer Ansammlung von Dingen, unsere Alltagsgestaltung ist außer Kontrolle geraten, und wir bekommen unseren Haushalt nicht in den Griff.

Wir haben versucht, etwas zu verändern und haben es nicht geschafft. Wir haben das Problem vor uns selbst und anderen heruntergespielt und versucht, es zu ignorieren. Wir haben nach Entschuldigungen gesucht. Nun sind wir bereit, das Problem nicht länger zu leugnen und uns dem wahren Ausmaß unserer Schwierigkeiten zu stellen.

Wir können nicht finden, wonach wir suchen. Die Dinge, mit denen wir uns das Leben erleichtern wollten, machen uns das Leben unangenehm. Weil wir uns für den Zustand unserer Wohnung schämen, haben wir uns von anderen zurückgezogen. Wir haben Probleme mit den Menschen, mit denen wir zusammenleben. Unser Bemühen, etwas zu verändern, hat uns unter Streß gesetzt. Unser Scheitern hat unser Selbstwertgefühl verletzt. Das sind die Fakten.

2. Vernunft:
Es gibt eine bessere Art zu leben. So weiterzuleben wie bisher ist nicht nur unproduktiv: Immer wieder wollen wir dasselbe tun, und dabei andere Ergebnisse zu erwarten, ist verrückt. Wir wollen eine vernünftige Lebensweise entwickeln.

Warum finden wir uns mit der Art zu leben ab? Wir haben uns so an den Kampf gewöhnt. Manchmal scheinen wir in den von uns selbst hervorgerufenen Krisen sogar erst richtig aufzuleben. Im Zentrum unseres Wahns steht der Versuch, mit Dingen unsere innersten Bedürfnisse zu stillen. Das werden sie nie tun.

Weil unsere Besitztümer uns unerfüllt lassen, häufen wir mehr an, nehmen mehr Unannehmlichkeiten in Kauf und arbeiten mehr. Wir glauben, daß mehr Überfluß uns Befriedigung geben wird. Das passiert aber nicht. Also streben wir nach noch mehr. Es ist eine abwärtsgerichtete Spirale.

3. Demut:
Wir sind nicht wie Gott. Wir wollen uns von der Vorstellung lösen, wir müßten alles unter Kontrolle haben, jedem Mangel vorbeugen oder auf andere Weise vollkommen sein.

Es ist diese Vorstellung, die dazu geführt hat, daß wir zuviel aufbewahren, zuviel tun und zuviel sein wollen. Wir haben geglaubt, wir könnten unsere Bedürfnisse und die von anderen befriedigen, wenn wir nur genug besäßen oder genug täten. Die Ironie des Ganzen liegt darin, daß wir genau dadurch die Kontrolle über unser Leben verloren haben und mehr unbefriedigte Bedürfnisse haben als zuvor. Wir sind nicht wie Gott. Wir sind Menschen. Wir sind begrenzt. Wir können nicht für alles Vorsorge treffen oder alles erreichen. Wir müssen lernen, dies zu akzeptieren und im Licht dieser Realität zu leben. Wenn wir uns mit uns selbst befassen und gut für unsere Bedürfnisse sorgen statt zu versuchen, für alle alles zu sein, wird sich unser Leben verändern.

Hier liegt die Bedeutung des in den Anonymen Selbsthilfegruppen oft verwendeten Gebetes:

„Gott, gib mir die Gelassenheit, die Dinge anzunehmen, die ich nicht ändern kann (und die Weisheit, nicht zu versuchen, das zu verändern, was ich zwar ändern könnte, aber was mich eigentlich nichts angeht)."

4. Vision:
Wir wagen es, von Schönheit, Harmonie und Würde in unserem Zuhause zu träumen. Solch ein Leben ist selbst dem unordentlichsten aller Menschen möglich.

Wir müssen unseren Blick von dem Chaos und dem Krempel lösen und eine größere Perspektive ins Auge fassen. Manche nennen dies „eine Vision von einem besseren Leben haben". Andere nennen es „einen Traum haben, der wahr werden kann". Diese Vision umfaßt nicht nur den Haushalt.

Wenn wir den Versuch aufgeben, perfekt zu sein, werden wir entdecken, daß das Annehmen unserer Begrenztheit uns eine Gelassenheit schenkt, in der wir die Kraft finden, unseren Traum zu leben.

5. Selbsterkenntnis:
Wir sind bereit, uns unseren Fehlern zu stellen, seien es Gewohnheit, persönliche Eigenschaften, Gefühle oder Denkmuster.

Wir haben viele positive Eigenschaften. Sich ihrer bewußt zu werden, sollte Teil unserer Selbsterkenntnis sein. Aber zum Problem unserer Desorganisation gehören auch unsere Fehler. Beispiele dafür sind: die Furcht, Fehler zu machen; übertriebene Sentimentalität; Perfektionismus; Ablenkbarkeit; Vergeßlichkeit; das Ablehnen von Verantwortung.

Selbsterkenntnis schließt auch ein, uns mit unserer Begrenztheit und unseren Unfähigkeiten anzufreunden. Wir haben so lange versucht, ein allumfassendens Leben zu führen, daß wir uns verausgabt haben. Kein Messie kann all die Dinge aufbewahren, die wir aufzubewahren versuchen oder mit so vielen Terminen und Verpflichtungen leben, wie wir in unserem Kalender unterbringen wollen. Unsere Vorstellung von uns und unseren Möglichkeiten ist grandioser, als sie es sein sollte.

6. Ehrlichkeit:
Wir geben unsere Fehler zu und sind bereit, Handlungen, Gedanken und Gefühle, die zu unserem zerstörerischen Lebensstil beitragen, aufzudecken.

Dabei müssen wir konkret werden. Benennen Sie Ihre Fehler und schreiben Sie sie auf. Wenn Sie wollen, bekennen Sie sie vor Gott oder teilen Sie sich einem Freund oder Ratgeber mit, dem Sie vertrauen.

7. Offenheit:
Es reicht nicht aus, unser Problem klar zu erkennen und unsere Verantwortung dafür zu akzeptieren. Wir wollen uns der Veränderung öffnen.

Manchmal scheinen Menschen alles nur Erdenkliche zu tun, um sich zu verändern, aber nichts geschieht. Dahinter steht ein tiefer Widerstand gegenüber der Veränderung. Wir fühlen uns mit dem, was uns vertraut ist, wohl, selbst wenn es Streß mit sich bringt. Wir haben Angst davor, was passieren wird, wenn wir unsere Denkmuster oder unser Verhalten ändern. Es ist, als würde ein kleines Stück von uns sterben, wenn wir uns ändern. Wir fühlen uns unwohl, wenn wir einen Teil von uns aufgeben, selbst wenn dieser Persönlichkeitsanteil uns Schmerzen verursacht. Wir fürchten auch die Unsicherheit, die in unseren Familienbeziehungen entstehen wird, wenn unser verändertes Verhalten die alten Rollenverteilungen durcheinander bringt.

8. Planen:
Wir sind persönlich verantwortlich dafür, eine Lösung für unsere Probleme zu finden und entsprechende Pläne zu machen.

Auf der Suche nach einer Lösung werden wir vielleicht herausfinden, daß wir für mehrere Lebensbereiche Pläne machen müssen. Die Verantwortung liegt bei uns. Eine der Veränderungen kann so einfach sein wie die, in der Wohnung mehr praktische Aufbewahrungsmöglichkeiten zu schaffen oder Dinge so einzurichten, daß die tägliche Hausarbeit einfacher wird. Vielleicht müssen wir unseren Zeitplan verändern, damit wir mehr Zeit haben. Vielleicht müssen wir jemanden finden, der uns bei der Kinderbetreuung oder beim Saubermachen hilft. Unter Umständen benötigen wir medizinische Hilfe.

Mit Sicherheit werden wir einen Plan brauchen, mit dem wir den Haushalt unter Kontrolle bringen und die Ordnung aufrechterhalten können. Diese Pläne sollten wir sorgfältig erarbeiten und aufschreiben.

9. Handeln:
Wenn wir unsere Pläne gefaßt haben, werden wir handeln. Solange wir den Plan nicht umsetzen, wird sich nichts ändern.

Wenn wir die Dinge weiterhin so handhaben wie bisher, werden wir auch dieselben Ergebnisse erzielen. Hier liegt die Bedeutung des in den Anonymen Selbsthilfegruppen oft verwendeten Gebetes: „Gott, gib mir Mut, die Dinge zu verändern, die ich ändern kann.“

10. Ausdauer:

Dies ist ein Marathon und kein Sprint. Wir haben viel Zeit benötigt, uns in dieses Chaos hineinzumanövrieren und es wird wahrscheinlich lange dauern, wieder herauszukommen. Wir wollen langsam und beständig vorangehen.

Seien Sie geduldig. Seien Sie fleißig. Behalten Sie das Ziel im Auge, nach dem Sie sich ausstrecken. Manchmal werden Sie versucht sein, zurückzugehen, weil es so schmerzhaft ist, voranzugehen. Aber der Schmerz, der entsteht, wenn wir die chaotische Lebensweise beibehalten, ist größer als der Schmerz der Veränderung, der bald der Freude weichen wird.

Obwohl es wichtig ist, unser Ziel vor Augen zu behalten, müssen wir unser Programm in der Kurzzeitperspektive eines Tages anwenden. Wie die Anonymen Alkoholiker streben wir nicht nach einer Veränderung für unser ganzes Leben, sondern konzentrieren uns darauf, am gegenwärtigen Tag das zu tun, was nötig ist. Wir betrachten nicht all die Arbeit, die zu tun ist. Als hätten wir Scheuklappen auf, kümmern wir uns um „eine Unordnung zur Zeit".

Messies leben nach dem Prinzip „ganz oder gar nicht". Wir wollen zu schnell zu gut werden. Wir müssen diese Eigenschaft als einen Fehler erkennen und uns weigern, diesem Hang in unserem Denken nachzugeben, der uns drängt, schnell Perfektion zu erreichen. Wir wollen nicht Perfektion. Wir wollen Balance und Harmonie.

11. Abhängigkeit:

Es gehört zur menschlichen Natur, auf Hilfe angewiesen zu sein. Dies ist eine angemessene Weise von Abhängigkeit, der wir uns nicht länger verschließen wollen.

Stolz hält uns davon ab, um Hilfe zu bitten. Wir glauben immer noch, es allein schaffen zu können, selbst wenn es schon auf schmerzliche Weise offensichtlich geworden ist, daß wir dazu nicht in der Lage sind.

Es kann sein, daß wir die Unterstützung einer Gruppe brauchen. Wir brauchen vielleicht einen Partner oder Sponsor, der mit uns arbeitet. Vielleicht müssen wir einen professionellen Organisierer oder eine Reinigungsfachkraft anstellen. Vielleicht benötigen wir regelmäßige Hilfe im Haushalt oder Unterstützung mit den Kindern. Wir können uns um die Kooperation unserer Familie oder Mitbewohner bemühen. Viele werden sich Gott zuwenden und ihn um Kraft und Weisheit bitten. Die Ehrlichkeit sagt uns, daß wir es allein versucht haben und gescheitert sind. Die Demut sagt uns, daß wir Hilfe benötigen.

Abhängigkeit ist nicht eine kindische Haltung, wie die, die Unabhängigkeit und Autonomie betonen, uns glauben machen wollen. Gegenseitige Abhängigkeit ist das, worum es hier geht. Man kann es auch Interdependenz nennen. Das moderne Denken und die Technologisierung haben uns voneinander getrennt. Um unsere Menschlichkeit ganz zu leben, müssen wir zu einer gesunden Abhängigkeit voneinander und letztendlich auch zu Gott finden.

Ein Wort der Warnung ist hier angebracht. Messies haben einen Hang, ungesunde Abhängigkeiten von Dingen und von anderen Menschen zu entwickeln. Genesung von unserem chaotischen Lebensstil bedeutet, den Unterschied zwischen gesunder und ungesunder Abhängigkeit zu erkennen.

12. Anteilnahme:
Wir denken nicht nur an uns selbst, sondern auch an die Menschen, die unter unserem chaotischen Lebensstil gelitten haben und die von den Veränderungen in unserem Leben betroffen sein werden. Wir richten unsere Aufmerksamkeit auch darauf, denen zu helfen, die wie wir unter Desorganisation leiden. Sie zu stärken, wird uns helfen.

Einer der Vorteile davon, zu den Anonymen Messies zu gehören, ist, daß wir dadurch mit anderen verbunden sind, die uns ähnlich sind. Wir sind nicht „anders". Es gibt Menschen, die so sind wie wir und die unsere Situation verstehen, die kämpfen, wie wir es tun, und die auf dem Weg zu einem geordneten Leben Fortschritte machen. Zu wissen, daß wir nicht allein sind, ermutigt uns, eine Verbesserung unserer Situation zu erwarten.

„Anonyme Messies, Deutschland" unterstützt Selbsthilfegruppen für Menschen, die an ihrem desorganisierten Lebensstil leiden, und die daran etwas ändern wollen. Eingefahrene Verhaltensmuster zu verändern ist schwierig. Es hilft, dabei von anderen, denen es ähnlich geht, unterstützt und ermutigt zu werden.

Anonyme Messies, Deutschland • Frau Susanne Herms
c/o Brendow Verlag • Gutenbergstr. 1 • 47443 Moers